Español para chicos y grandes

Level 1

An Interactive Spanish Course for Children and Parents

Second Edition

Rita Wirkala

Illustrations: Matt Schutte and Elwin Wirkala

Editors: Elisa Wirkala and Karen Wirkala

All Bilingual Press, LLC

Seattle, WA 98103
www.allbilingual.com

All rights reserved-Printed in USA
Copyright © 2004 by All Bilingual Press, LLC

First printing: 2004
Second reprint (with revisions): 2005
Third reprint: 2006
Fourth reprint: 2008
Second edition: 2011

ISBN 978-0-9822887-7-1

CPSIA Section 103 (a) Compliant
www.beaconstar.com/ consumer
ID: K0117877. Tracking No.: MR28903-1-9057

<u>Dedication</u>
To my mother who, among countless blessings, instilled in me a love of language and teaching.

CONTENTS

A word to parents

This course has been prepared with the objective of making the study of Spanish a careful, guided learning experience, wherever it is carried out, whether at school under the expertise of a teacher, or at home, as a fun and instructional activity for parents and their children. If at school, children will interact with their classmates following the pattern set by their instructor. If at home, children and parents can learn new words together and perform the dialogues and exercises following the pronunciation and intonation from the accompanying **CDs**. Naturally, a combination of school preparation and family activities will yield the best results.

The course goes step by step through the basic vocabulary, sentences and expressions needed in everyday life. Aside from charming illustrations that add graphic expression to the lexicon, this book features **English translations whenever necessary**, as well as a workbook to reinforce each lesson, both writen and auditory. We recommend that you and your child work with this textbook first. After you have memorized the vocabulary and expressions of a chapter in the textbook, you should then go to the corresponding chapter in the Grammar and Exercise Manual and do the exercises you will find there. Then go back to the textbook and do the next lesson.

The text gives students a first glimpse into indigenous cultures that alre also part of the Spanish speaking world.

This adult-child learning experience will enrich the lives of parents and children in an unforgettable way.

A word to teachers

Español para chicos y grandes is designed to fill a hitherto unmet need for a basic Spanish course that can simultaneously help teachers in the classroom and parents at home. The book has been tested in several elementary schools in our area by experienced instructors. **Español para chicos y grandes** has proven itself an extremely useful tool for saving much teacher time otherwise spent in preparatory work.

This is the first book of a series prepared for children from second grade on. The vocabulary and sentences are drawn from a child's everyday life, and students begin using verb conjugations early on. These are presented in exercises designed for interactive practice. The present **second edition** includes 2 CDs accompanying the lessons. These CDs contain pronunciation exercises, dialogs, songs and listening exercises designed to aid students in acquiring the native accent and intonation of the Spanish language before they cross the critical threshold at which almost everyone loses this ability.

A **workbook** and an audio CD closely following the lesson sequence provide additional grammar and give students the chance to reinforce knowledge at home.

We hope that teachers will find this first level a useful teaching resource and an easy-to-follow method that will keep their students interested in the subject and eager to learn more.

Lección 1: Las letras
(The letters)

 CD 1, Track 1

Las vocales *(The vowels)*

In Spanish there are 5 vowels. Their pronuncation is always the same. Here are some examples (in English words) for you to see how they sound.

a (as in car) **e** (as in bet) **i** (as in see) **o** (as in more) **u** (as in flu)

a  e  i 

o  u 

¡A PRONUNCIAR!

casa   pelota   mesa   camisa

rosa   oso   osito   uno   bufanda

   1 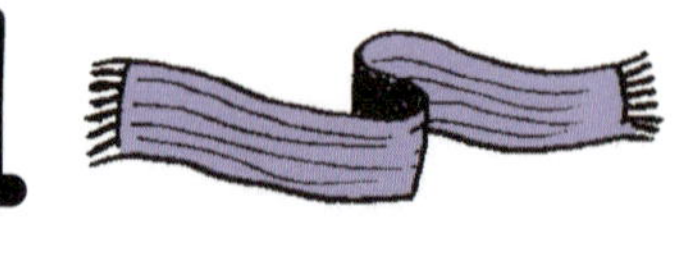

Los diptongos: dos vocales
(two vowels)

When you have two vowels together (a diphthong) you need to pronounce each of the vowels very clearly. Some examples are these words which you probably already know: *fiesta, seis, diez...*

 Listen to the CD and try these words:

CD 1, Track 1

Más palabras *(More words)*: viuda - Suiza - Europa - aire - ¡Adiós!

Los acentos y la entonación

(Accent marks and intonation)

When you see an accent mark, your voice goes up. Listen to the speaker and observe where the accent mark is placed on these words:

lám-pa-ra   *li-món*

Now, repeat after the speaker:

teléfono   *árbol*   *bebé*   *pájaro*

mamá   *papá*   *lápiz*   *composición*

café   *París*   *Perú*   *tulipán*

---

viuda = *widow;*   **aire** = *air;*   **Adiós** = *good bye;*   **árbol** = *tree;*   **bebé** = *baby;*   **pájaro** = *bird;*
lápiz = *pencil;*   **Suiza** = *Switzerland*

Las letras del alfabeto
(The letters of the alphabet)

CD1, Track 2

A abeja a	**K** koala ka	**Q** quetzal cu
B burro be	**L** león ele	**R** rata erre
C cocodrilo ce	**LL** llama elle	**S** serpiente ese
D dinosaurio de	**M** mosquito eme	**T** tigre te
E elefante e	**N** nutria ene	**U** unicornio u
F flamenco efe	**Ñ** ñandú eñe	**V** vaca uve or ve chica
G gato ge	**O** oso o	**W** doble ve or uve doble
H hipopótamo hache	**P** perro pe	**X** equis
I iguana i		**Y** yak i griega
J jirafa jota		**Z** zorro zeta

abeja = *bee;*   **burro** = *donkey;*   **gato** = *cat;*   **nutria** = *otter;*   **ñandú** = *ostrich;*   **oso** = *bear;*
perro = *dog;*   **quetzal** = *(Centro American bird);*   **rata** = *rat;*   **tigre** = *tiger;*   **vaca** = *cow;*
zorro = *fox*

```
M     B     U       Z         J       G
   LL    I     C       E       K       N
   Q     N     O       R       T       Y
      H     U     W       V       A       D
```

¿Cómo se escribe *(how do you write)* **tu nombre** *(your name)* **?**

¡Vamos a practicar!

Ask your partner to spell several words. You may ask, for example:

¿Cómo se escribe tu nombre?

¿Cómo se escribe **tu apellido**? *(your last name)*

¿Cómo se escribe el nombre de (choose one)

> a) ...tu amigo?
> b) ...tu perro?
> c) ...tu gato?

¿Cómo se escribe _______________ ? (Fill in the blank with a Spanish word that you have learned)

Lección 2: Los saludos

(Greetings)

CD 1, Track 3

Some ways of asking "How are you?"

¿Cómo estás?
¿Qué tal?

Some possible answers

Bien, gracias
Muy bien
Más o menos
Regular
No muy bien
Mal
Cansado
Feliz

¿Cómo te llamas? = *What's your name?*;   **Yo me llamo ...** = *My name is ...* ; **¿Cómo estás?** = *How are you?*; **¿Qué tal?** = *What's up?*;   **Bien, gracias** = *well, thank you;*   **Muy bien** = *very well;* **Más o menos** (and) **Regular** = *so so;*   **No muy bien** = *not very well;*   **Mal** = *bad;*   **Cansado** = *tired;*   **Feliz** = *happy*

¡Vamos a practicar!

Look at the conversation between Alicia y Francisco, and practice it with your partner.

a) Ask his or her name, and say yours.
b) Then, ask how he/she is, and tell how you are.
   Look at the different options on the previous page:
   bien, muy bien, regular, mal...

You can also add the following words, which all mean *"great!"*:
   ¡fantástico!
   ¡extraordinario!
   ¡super!

MÁS SALUDOS

¡Buenos días!	¡Buenas tardes!	¡Buenas noches!

De mañana
(or)
Por la mañana
(in the morning)

se dice...
(we say, or people say)

¡Buenos días!

De tarde
(or)
Por la tarde
(in the afternoon)
se dice...

¡Buenas tardes!

De noche
(or)
Por la noche
(in the evening, or at night)

se dice...

¡Buenas noches!

Preguntas y Respuestas *(Questions and Answers)*

¿Qué decimos a la maestra? ¿al maestro?
(What do we say)   (to the teacher-she)   (to the teacher-he)

Buenos días, señora *(Mrs.)* **Buenos días, señor** *(Mr.)*
Buenos días, señorita *(Miss)*

Now you know two words to ask questions: **¿cómo...?** and **¿qué...?**

Do you remember what these questions mean?

¿Cómo se dice?   ¿Qué decimos?   ¿Cómo estás?
¿Cómo te llamas?   ¿Qué tal?

¡Vamos a practicar!

Working with a partner, put the two columns together. For example:
  Estudiante 1: **¿Qué se dice de tarde?**
  Estudiante 2: **Buenas tardes**

1. Hola, ¿Cómo estás?	a. Buenos días, señora
2. Hola. ¿Cómo te llamas?	b. Buenas tardes
3. Buenos días, chicos.	c. Regular
4. ¿Qué tal?	d. Patricia
5. ¿Qué se dice de mañana?	e. Buenos días
6. ¿Qué se dice de tarde?	f. Bien, ¿y tú?

¡A PRONUNCIAR!

 CD 1, Track 4

Las letras "ll" - "ñ"

In the words **Me llamo, Te llamas...** you pronounced the letter **"ll"**
like **"y"**. Also, you said **niño, mañana, señor, español**... and you
pronounced the letter **ñ** like the English *"onion"*. **Now listen to the
speaker and repeat the following** *palabras* **(words):**

1. **bello** *(beautiful)* 2. **calle** *(street)* 3. **silla** *(chair)* 4. **sillón** *(armchair)*
5. **baño** *(bathroom, bath)* 6. **llama** *(lama)* 7. **llaves** *(keys)* 8. **lluvia** *(rain)*
9. **apellido** *(last name)* 10. **montaña** *(mountain)* 11. **cabaña** *(cabin)*
12. **cañón** *(canyon)* 13. **años** *(years)* 14. **araña** *(spider)* 15. **moño** *(bow)*

¿Él habla español?
y ¿ella habla español?

CD1, Track 5

Él = He   Ella = She

Look at the map. The countries colored in orange are Spanish speaking countries.
Can you answer the questions with **Sí (yes)** *or* **No**?

¡Atención!

Yo me llamo __________ (name)

Él or Ella se llama __________ (name)

		No	Sí
Se llama Roberto y él es de Chile.	¿Él habla español?	☐	☐
Se llama Lourdes y ella es de Brasil.	¿Ella habla español?	☐	☐
Se llama Elisa y ella es de Argentina.	¿Ella habla español?	☐	☐
Se llama Raquel y ella es de Honduras.	¿Ella habla español?	☐	☐
Se llama Jackeline y ella es dé Jamaica.	¿Ella habla español?	☐	☐
Se llama Luis y él es de Perú.	¿Él habla español?	☐	☐

Lección 3: Los números

0	**1**	**2**	**3**	**4**	**5**	**6**	**7**	**8**	**9**	**10**
cero	uno	dos	tres	cuatro	cinco	seis	siete	ocho	nueve	diez

11	**12**	**13**	**14**	**15**
once	doce	trece	catorce	quince
16	**17**	**18**	**19**	**20**
dieciséis	diecisiete	dieciocho	diecinueve	veinte

¿Cuántos hay? *(How many _________ are there?)*

Hay = *there is* or *there are*

¿Cuántas vocales hay en el español?	Hay cinco vocales.
¿Cuántas personas hay en tu familia?	Hay seis personas.

1) Read these sentences saying **los números en español**

Hay 1 león en la selva.	Hay 4 serpientes en el árbol.
Hay 3 tigres en el zoológico.	Hay 14 jirafas en el parque.
Hay 20 pájaros en el patio.	Hay 9 hipopótamos en el lago.
Hay 18 llamas en el corral.	Hay 7 dinosaurios en el museo.

árbol = *tree*   **lago** = *lake;*   **museo** = *museum;*   **pájaro** = *bird;*   **parque** = *park;*   **personas** = *persons;*   **serpiente** = *snake;*   **vocales** = *vowels;*   **selva** = *jungle*

¿Cuánto es...? *(how much is...?)*

2) Look at these Math exercises: **¿Están bien?   ¿O están mal?**

5		18	- ¿Está bien?
	- ¿Está bien?		- No, está mal.
+ 6	- Sí, está bien.	**—** 8	
11	¡Muy bien! *(very good!)*	11	

¡Vamos a practicar! 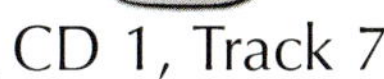

Working with a partner, perform the dialogue below, using different numbers.

Use the words <u>más</u> (+) and <u>menos</u> (-)

Modelos: E1 = estudiante 1

E2 = estudiante 2

E1 - ¿Cuánto es ocho + cuatro?	E2 - ¿Cuánto es dieciséis + dos?
E2 - Es doce.	E1 - Es diecisiete.
E1 - Está bien (or) correcto.	E2 - Está mal (or) incorrecto.

¡A PRONUNCIAR!

¨C¨ and ¨QUE¨ ¨QUI¨

You have already said the words *"¿Qué?"* and *"Quince"*, which both begin with a "k" sound. **Any <u>QUE</u> or <u>QUI</u> word begins with the sound "K".**
All of the following syllables sound like "K": **CA - QUE – QUI – CO – CU**
However, note that <u>**CE**</u> and <u>**CI**</u> DO NOT Begin with a "**K**" sound.

Escucha *(listen to)* el CD y repite estas palabras *(words)* y frases *(sentences)*:
queso - poco - poquito - clase - pequeño - quiero - parque - aquí - ¿por qué?

1. **Escribe el número cero.**
2. **Yo quiero comer cinco caramelos.**
3. **– ¿Qué hay aquí?**
4. **– Hay un queso. ¡Qué curioso!**

Check your pronunciation with the CD

---

queso = *cheese;* **poco** = *a little;* **poquito** = *very little;* **clase** = *class =* **cola** = *tail;*
pequeño = *small;* **quiero** = *I want;* **comer** = *to eat;* **aquí** = *here;* **¿por qué?** = *why?*

Lección 4: Los colores

CD 1, Track 8

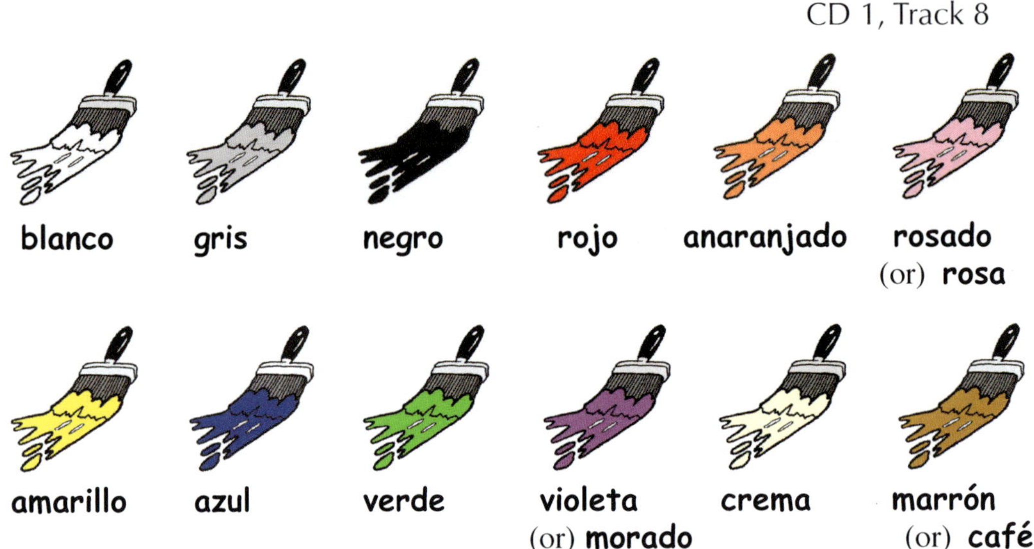

blanco   gris   negro   rojo   anaranjado   rosado
(or) **rosa**

amarillo   azul   verde   violeta   crema   marrón
(or) **morado**   (or) **café**

¡A PRONUNCIAR!  CD 1, Track 9

"j " , "ge" , "gi" and "h"

The letter "**j**" always sounds like English "**h**", as in *"rojo"* and *"anaranjado"*. The combination "**ge**" and "**gi**" also sounds like an English "**h**".

But! The letter "**h**" <u>is not pronounced</u>, like in "**hay**" (except for the combination CH, which sounds like the English "**ch**" as in *chair*).

Escucha el CD y repite:

a) jueves (*Thursday*) – **ejercicio** (*exercise*) –**reloj** (*clock*)- **jarra** (*jar*) - **mujer** (*woman*)- **Jorge** (*George*)- **gente** (*people*)- **girasol** (*sunflower*) – **geografía** (*geography*)– **gato** (*cat*)- **¡gol!** (*goal!*) – **mucho gusto** (*nice to meet you*)

b) la hora (*the hour-the time*) – **una zanahoria** (*a carrot*) – **un helado** (*an ice cream*) – **un hombre** (*a man*) – **coche** (*car*) – **¡Chau!*** – *good bye*

Now try these *frases*:
1. **Jorge es un chico generoso.**
2. **El general es inteligente.**
3. **"San José" es un colegio religioso.**
4. **El hombre** (*man*) **está en el hospital.**
5. **Mi papá trabaja** (*works*) **en el hotel.**
6. **Julia es mi hija** (*my daughter*).
7. **¡Hasta luego!** (*see you later*)
8. **Ángel está en Holanda.**

*Italian word, used in some Spanish speaking countries.

¿De qué color es? *(What color is it?)*  CD 1, Track 8

Look at these flags and say the colors you see (colors ending in **-o** change to **-a** because the word *bandera* is feminine):

-¿De qué color es la bandera de __________? (country)

Modelo:

- La bandera de Argentina es ___*blanca*___ y ___*azul.*___
- La bandera de Panamá es __________ , __________ y __________

La bandera de Bolivia es __________ , __________ y __________
La bandera de España es __________ , __________ y __________

Pregunta: ¿De qué color es la bandera de los Estados Unidos? *(the US)*

¡Vamos a practicar!

Working in pairs, practice the dialogues with these
preguntas y respuestas *(questions and answers)*
a) Show different objects in the room. Por ejemplo:

Estudiante 1- **¿De qué color es el teléfono?**
Estudiante 2- **El teléfono es __________ (negro).**

If you do not know the object's name, say:

Est. 1 - **¿De qué color es esto** *(this)*?
Est. 2 - **Esto es __________**

bandera = *flag*

Lección 5: En clase

The article "the" has 4 forms in Spanish, corresponding to (1) singular (2) plural (3) masculine and (4) feminine. These "the" forms are:

	feminine	masculine
singular	**la**	**el**
plural	**las**	**los**

Objects ending in **a** are usually feminine.

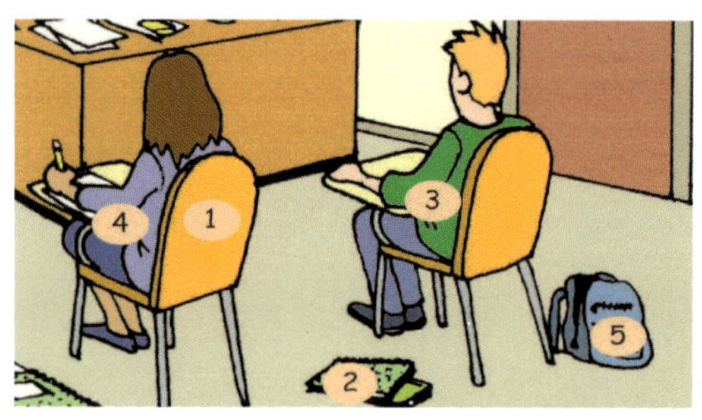

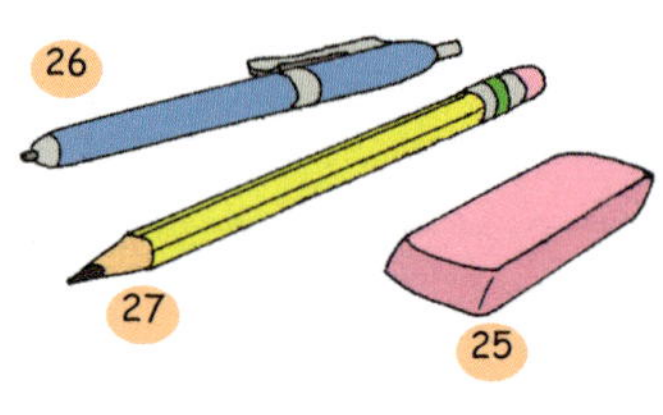

1. el pupitre   2. el cuaderno   3. el estudiante   4. la estudiante

5. la mochila   6. el libro   7. la mesa   8. el mapa

9. el techo   10. la luz   11. el reloj   12. la pizarra

13. el borrador   14. el escritorio   15. la ventana   16. la maestra

17. los papeles   18. la silla   19. la pared   20. el sacapuntas

21. la puerta   22. la basura   23. el basurero   24. el piso

25. la goma   26. el bolígrafo   27. el lápiz

1. student desk   2. notebook   5. backpack   9. wall   10. light   11. watch/clock   12. blackboard
13. eraser   14. desk   15. window   16. teacher   17. papers   18. chair   19. wall
20. pencil sharpener   21. door   22. trash   23. waste basket   24. floor   25. rubber eraser
26. ballpoint pen   27. pencil

¿Dónde está...? ¿Dónde están...?

(Where is ....   *Where are....?)*

Look at the drawings on page 20 and match each item with a location.
Use **el** or **la** for one single object, **los** or **las** for two or more.

Use <u>está</u> for one object and <u>están</u> for two or more objects.
<u>Modelo:</u> *La mochila está en el piso.*

1. ¿Dónde está la mochila?	a. Está en la pared.
2. ¿Dónde están los libros?	b. Están en la mesa.
3. ¿Dónde están los papeles?	c. Están en el escritorio.
4. ¿Dónde está la pizarra?	d. Está en el pupitre.
5. ¿Dónde está la estudiante?	e. Está en el techo.
6. ¿Dónde está la luz?	f. Está en el piso.

¡Vamos a practicar!    ¿Es correcto?

En parejas (in pairs), ask and answer the preguntas with <u>Sí or No</u>,
<u>Sí, está...</u> or <u>No, no está....</u>

Modelo: - ¿La estudiante está en el pupitre?
   - <u>Sí, está</u> en el pupitre.
      - ¿La luz está en el piso?
      - <u>No, no está</u> en el piso.

1) ¿El bolígrafo está en el escritorio?
2) ¿El basurero está en el pupitre?
3) ¿La mochila está en la pared?
4) ¿Los papeles están en la mesa?
5) ¿Los libros están en el escritorio?
6) ¿El estudiante está en la silla?
7) ¿El reloj está en la pared?

En parejas, ask the color of the objects below. Change 'o' to 'a'
for feminine objects.

Modelo:

   - ¿De qué color es el lápiz?
   - Es amarillo.
   - ¿De qué color es la pared?
   - Es amarilla.

Más palabras

arriba de or **sobre** = <u>on top of</u>
abajo de or **debajo de** = <u>under</u>

¿Dónde están los papeles?   Están **arriba** de la mesa.
¿Dónde está el libro?   Está **abajo** de la mesa.

Ejercicios: Look at the drawings and say where things are.

¿Dónde está la mochila?
Está sobre ...

¿Dónde están los papeles?
Están en ...

¿Dónde está el lápiz?
Está en ...

¿Dónde está el reloj?
Está en ...

¿Dónde está el libro?
    Está abajo de ...
    or Está debajo de...

¿Dónde está José?
Está en ...

¡Qué desobediente!

¡Vamos a practicar!

Put some objects on the table, on the desk, on the floor, under the chair, etc., and practice the dialogue with a partner:

¿Dónde está _________________(name the object)?

For the answer [see key at bottom], remember the following words:

en	dentro de	abajo de (or) debajo de
al lado de	cerca de	arriba de (or) sobre
atrás de	lejos de	en frente de

Hint: if you don't remember, you can say:

¡Aquí! (here) or *¡Allá!* (over there)

Por ejemplo:

> 1. ¿Dónde está la mochila?
> 2. ¿Dónde están los papeles?
> 3. ¿Dónde está el libro?
> 4. ¿Dónde están los lápices?
> 5. ¿Dónde está ....(name a person)?

¡A PRONUNCIAR!

CD 1, Track 11

The sound "ch"

You already know how to say *chico, ocho, mucho, Chile, noche, hache*.
Here are other words to practice.

Escucha y repite:
coche *(car)* – leche *(milk)* – muchacho *(boy)* – mapache *(racoon)* – chiste *(joke)*
chocolate – chaqueta *(jacket)* – ¡chévere! *(wonderful)*

The sounds "S" and "Z"

Remember *azul?* The "Z" in Spanish sounds differently than English. In Latin American Spanish, the "S" and "Z" sound the same.

Escucha y repite:
sopa – *(soup)* – tiza *(chalk)* – profesor – zapato *(shoe)* – manzana *(apple)* – arroz *(rice)*

en = in; dentro; de = inside; abajo de (or) debajo de = under; al lado de = beside; cerca de = near; arriba de (or) sobre = on top of; atrás de = behind; lejos de = far from; en frente de = in front of

Lección 6: ¿Qué tienes?

TENER = *TO HAVE*

CD 1, Track 12

Yo tengo = *I have*   **Tú tienes** = *You have*   **Él/Ella tiene** = *He/She has*

Nosotros tenemos = *We have*   **Ustedes* tienen** = *You have* **Ellos tienen** = *They have*

¿Qué tiene María Luisa?
María Luisa tiene una flor.

¿Qué tiene la maestra?
La maestra tiene un coche grande *(big)*.

¿Qué tiene el perro?
El perro tiene una casa pequeña *(small)*.
¡Pobrecito!
(poor thing...)

¿Qué tiene José?
José tiene una bicicleta roja.
¡Qué bonita!
(how pretty!)

*In Latin America people use u*stedes* when speaking to more than one person.
In Spain, *vosotros* is used.

24

¿CUÁNTOS AÑOS TIENES? *(How old are you?)*

CD 1, Track 13

Ejercicios:

Look at the dialogue above and answer:

> 1. ¿Cuántos años tiene Mateo?
> 2. ¿Cuántos años tiene María Luisa?
> 3. ¿Cuántos años tiene el perro?

¡Vamos a practicar! 

Ask your partner his/her age, and then tell your age.

Est. 1. ¿Cuántos _________ _________ ?

Est. 2. Tengo___________ ___________ ¿Y tú?

Est. 1. Tengo __________

¡A PRONUNCIAR!

"b" and "v"

In Spanish, "b" and "v" sounds are identical. Escucha el CD y repite:

bota *(boot)* – vaca – bicicleta - Buenos días – Buena vista – Por favor *(please)* – bola *(ball)*
caballo *(horse)* – Venezuela – ¿Dónde vive Victoria? *(where does Victoria live?)* Ella vive en
Buenos Aires.

Lección 7: Los días de la semana

(The days of the week)

 CD 1, Track 14

¿Qué día es hoy? = *what day is it today?*; **mañana** = *tomorrow*

Note: <u>de mañana</u> = *in the morning.* <u>mañana</u> = *tomorrow*

¿Por qué?   Porque...
(Why?)   *(Because...)*

... el lunes, porque tengo música.

...el martes, porque tengo español.

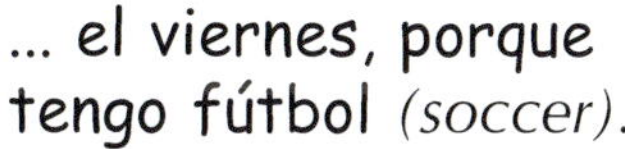

... el miércoles, porque tengo educación física.

... el jueves, porque tengo ballet.

... el viernes, porque tengo fútbol *(soccer)*.

... el sábado, porque como sardinas.

¡Vamos a practicar! 

.. el domingo, porque vamos al parque.

Con un compañero/a *(with a partner)* **practiquen las preguntas y respuestas:**

1. ¿Qué día es hoy? Hoy es ____________
2. ¿Qué día es mañana? Mañana es____________
3. ¿Cuál (which) es tu día favorito? ¿Por qué?

   Mi día favorito es_________ Porque____________________________
4. ¿Qué día NO es tu favorito? ¿Por qué?

   El____________ no es mi día favorito, porque ____________________
5. ¿Qué día tienes clases de español? Tengo clase el____________________
6. ¿Qué día tienes clases de educación física (PE)? El____________________

   (Choose any other class. If the student does not have these

   classes, the answer is: No tengo ________________)

Lección 8: Más números

21 veintiuno **22** veintidós **23** veintitrés **24** veinticuatro **25** veinticinco **26** veintiséis **27** veintisiete **28** veintiocho **29** veintinueve

treinta **30** cuarenta **40** cincuenta **50** sesenta **60**

70 setenta **80** ochenta **90** noventa **100** cien

200 doscientos **300** trescientos **400** cuatrocientos **500** quinientos **600** seiscientos **700** setecientos **800** ochocientos **900** novecientos

1.000 mil **100.000** cien mil **200.000** doscientos mil **300.000** trescientos mil **400.000** cuatrocientos mil **500.000** quiñentos mil **600.000** seiscientos mil

ochocientos mil un millón
700.000 setecientos mil **800.000** **900.000** novecientos mil **1.000.000**

1.000.000.000*
(one billion)
mil millones

¡Atención!

Cuántos is for masculine, *Cuántas* is for feminine:

¿Cúantos chicos hay? ¿Cuántas chicas hay?

¡Vamos a practicar!

Con un compañero/a,
A. Practiquen las preguntas y respuestas.

Est.1	-¿Cuántos estudiantes hay en tu clase?	Est.2 - Hay…
Est.2	-¿Cuántas letras hay en el alfabeto?	Est.1 - Hay…
Est.1	-¿Cuántos años tiene tu profesor/a?	Est.2 - Tiene…
Est.2	-¿Cuántas páginas hay en el libro de español?	Est.1 - Hay…

B. Exchange telephone numbers. Take turns asking the question:
Modelo:
Est.1. - ¿Cuál (which) es tu número de teléfono?
Est.2. - Mi número de teléfono es tres, veinticinco, noventa, cincuenta y cuatro (3 -25-90-54).

- ¿Cuántas estrellas hay en el cielo?   - ¡Muchas!

Mucho = a lot   **Muchos** *or* **Muchas** = many   **Pocos** *or* **Pocas** = few

---

estrellas = *stars;* **cielo** = *sky;*   *Spanish numbers reverse the English order of decimal points and commas.

Canción

Dos y dos son cuatro,
cuatro y dos son seis,
seis y dos son ocho
y ocho dieciséis.
Y ocho veinticuatro
y ocho treinta y dos,
a mi buen amigo
yo le digo "Adiós".

Yo le digo Adios! = *I say "Good bye" to him.*

CD 2
Track 17

Listen to the CD and learn the song!

¡A PRONUNCIAR! CD 1, Track 16

"gue" and "gui"

The pronunciation of "gue" and "gui" is like the "g" in the word *guitar.*
<u>Escucha y repite</u>: ga – gue – gui – go – gu
<u>But</u>: remember that GE and GI are pronounced like an "H".

Escucha y repite estas palabras:
1. espaguetis 2. guerra (*war*) 3. guía (*guide*) 4. Mucho gusto (*nice to meet you*)
5. Gracias. Eres generoso. 6. Tienes una guitarra vieja (*old*). 7. Él es un joven (*young*) guerrero (*warrior*). 8. Tengo un amigo inteligente.

There is an exception: if there are two little dots on top of the Ü, then the U is pronounced.

Escucha y repite:
pingüino – bilingüe - ¡Qué vergüenza! (*what a shame!* or, *how embarrasing!*)

"r" and "rr"

The "rr" is rolled, and the "r" is soft. But! the "r" at the beginning of a word is also rolled, like in the word "rojo". To role the "r" , think about a purring cat: PBRRRRR...

Escucha y repite:
1. perro (*dog*) 2. pero (*but*) 3. carro (*car*) 4. caro (*expensive*) 5. corro (*I run*)
6. *coro* (*choir*) 7. Roma 8. ¡caramba! (*wow!*) 9. Mi perro come arroz (*eats rice*)
¡Qué raro! (*how strange*) 10. Yo como turrón ¡Qué rico! (*how tasty*)

---

turrón = *a Spanish sweet, like a candy bar*

Lección 9: La hora

 CD 1, Track 17

¿Qué hora es? *(What time is it?)*

1
Es la una

2
Son las tres

3
Son las cinco

4
Son las seis y media

5
Es la una y cinco

6
Son las dos y cuarto

7
Son las cuatro y veinte

8
Son las once menos diez

9
Son las nueve menos veinticinco

10
Son las doce menos cinco

11
Son las doce
¡Es mediodía!

12
Son las doce
¡Es medianoche!

¿A qué hora es tu clase?

Memorize and perform with a friend:

- ¿Qué hora es?
- Son las 6 de la mañana.
- ¡Ay! ¡Qué temprano (early) es!

(later on…)
- ¿Qué hora es?
- Son las 8:45.
- ¡Ay! ¡Qué tarde (late) es!
  Mi clase es <u>a las 9:00</u>.

(a las = at)

EJERCICIOS. ¿Qué hora es?

Completa las frases:

1. Son las _________________

2. Son las _________________

3. Son las _________________

4. Son las _________________

5. Es la _________________

¡Atención!

Generally, one says "son las" for hours from 2 to 12, and "es la" for 1:00 to 1:59. Es la una cinquenta y nueve. Son las dos.

Similarly, always say "a las" when telling the time that any event is scheduled to start. If the scheduled time is "in the 1's", be sure to say "a la", for instance, and if from 2 to 12, use "a las".

Ejemplo: El concierto empieza a las 8 y son las 7:45 ahora.

¡Vamos a practicar! ¿A qué hora es...?

Con un compañero, practiquen las preguntas y respuestas:

<u>Pregunta</u>: ¿A qué hora es tu _______________________ *(fill in)*
Use these and others: clase de español? ¿de inglés? ¿de matemáticas?

<u>Respuesta</u>: **Es a las** _________________ *(give the time)*

Lección 10: Las estaciones y las fechas

CD1, Track 18

Read the first three months of the year in Spanish. Can you guess the other nine?

LOS MESES *(The months)*		LAS ESTACIONES *(The seasons)*

Diciembre (December)

Enero (January)

Febrero (February)

El invierno *(winter)*

Marzo

Abril

Mayo

La primavera *(spring)*

Junio

Julio

Agosto

El verano *(summer)*

Septiembre

Octubre

Noviembre

El otoño *(fall)*

¡Atención!

mes = *month*
mes<u>es</u> = *months*

estación = *season*
estacion<u>es</u> = *seasons*

¿Cuándo? *(when?)*

La fecha *(The date)*

- ¿Qué fecha es hoy?
- Hoy es el 8 de enero.

- ¿Qué fecha es mañana?
- ¡Mañana es el 9 de enero!

El cumpleaños *(the birthday)*

*tu = your; cuándo = when
Note that an accented tú means "you".

¡Vamos a practicar!

En parejas, practiquen las preguntas y respuestas:

Est. 1 - ¿Cúando es tu cumpleaños?

Est. 2 - Es el ____ de __________
        ¿Y tu cumpleaños?

Est. 1 - Es el ____ de __________

Est. 2 - ¿Qué fecha es hoy?

Est. 1 - Es el __________________

¿Tú sabes? *(do you know?)*

Est. 1 - ¿Tú sabes cúando es el día
        de la Independencia?

Est. 2 - Sí, es el __________________
        ¿Y tú sabes cúando es
        Navidad? *(Christmas)*

Est. 1 – ¡Claro! Es el __________________

Canción

CD 2, Track 18

Uno de enero, dos de febrero,
tres de marzo, cuatro de abril,
cinco de mayo, seis de junio,
siete de julio, San Fermín.
A Pamplona quiero ir,
con una media, con una media,
con una media y un calcetín

quiero ir = *I want to go*
media = *stocking*
calcetín = *sock*

Preguntas

¿Qué meses tienen treinta
días? ¿Y treinta y un días?
Memoriza este poema: ¡allí está
la respuesta!:

Treinta días tiene septiembre,
con abril, junio y noviembre;
veintiocho tiene uno, y los otros,
¡treinta y uno!

¿Qué tiempo hace hoy?
¿Cómo está el tiempo?

CD 1, Track 19

(How is the weather today?)

¡HACE FRÍO!
(It is cold)

HACE FRESCO.
(It is chilly)

¡HACE CALOR!
(It is hot)

HACE VIENTO.
(It is windy)

HACE SOL *or*
HAY SOL.
(It is sunny)

ESTÁ NUBLADO.
(It is cloudy)

LLUEVE,
(It rains)
or
**ESTÁ
LLOVIENDO**
(It is raining).

NIEVA,
(It snows)

or
**ESTÁ
NEVANDO**
(It is snowing).

Más vocabulario para el tiempo

thunder = **el trueno;** frost = **la helada;** lightning = **el relámpago;** ice = **el hielo;** storm = **la tormenta;** drizzle = **la llovizna;** hail = **el granizo**   fog = **la niebla**   climate = **el clima**   mist = **la neblina;** temperature = **la temperatura**

Canción

CD 2, Track 19

¡Que llueva!*

¡Que llueva, que llueva!
La vieja está en
la cueva,
los pajaritos cantan,
la luna se levanta...

¡Que sí! ¡Que no!
¡Que caiga
un chaparrón!

El hemisferio norte (North) y el hemisferio sur (South)
¿Tú sabes que

. . . cuando hace calor en el hemisferio norte (por ejemplo, en los Estados Unidos, Canadá, Europa, Rusia…), hace frío en el hemisferio sur? (por ejemplo, en Argentina, Chile, Australia…)

¿Y cuando hace frío en el hemisferio norte, hace calor en el hemisferio sur?

¡Vamos a practicar! Do the matching exercise:
(Remember: **¿dónde?** = where; **¿cuándo?** = when)

- ¿Qué tiempo hace hoy	En Alaska
- ¿Cuándo hace frío?	En las montañas
- ¿Cuándo hace calor?	En los países tropicales
- ¿Cuándo hace fresco?	En el invierno
- ¿Dónde hace frío? (look at the map)	En el verano
- ¿Dónde hace calor?	Hoy _____________ (fill in)
- ¿Dónde nieva mucho?	En la primavera
- ¿Dónde llueve mucho?	En el Amazonas

*Let it rain, let it rain, the crone is in the cave, the little birds are singing, the moon is rising. Let it be, let it not, let the rain come down.

¿Tienes frío?   ¿Tienes calor?

(Are you cold?)   *(Are you hot?)*

¡Atención!

Just as you use "tener" for age, you also use tener for cold and hot:

> Yo tengo 10 años. Él tiene 50 años.
> Yo tengo calor. Él tiene frío.

Always use *tener* [to have] forms with *frío* and *calor* because in Spanish it's not that you "are" cold or "are" warm, but that you "have" cold or "have" warmth!`

- ¿Tienes frío?	- Brrrr . . . Sí, tengo frío.
- ¿Tienes calor?	- ¡Uf! Sí, Tengo calor.
- ¿Ustedes tienen frío?	- Brrrr . . . Sí, tenemos frío.
- ¿Ustedes tienen calor?	- ¡Uf! Sí, tenemos calor.

Ejercicios

You are cold. What would you say? (Check the correct box):
- ❑ Tengo calor
- ❑ Tengo frío
- ❑ Tengo 10 años

You all are too warm. What do you say? (Check the correct box):
- ❑ Tenemos calor.
- ❑ Tenemos frío
- ❑ Hace frío

You are too warm. What do you say? (Check the correct box):
- ❑ Tengo calor
- ❑ Tengo frío
- ❑ Hace frío

It is raining. What do you say? (Check the correct box):
- ❑ Tengo calor
- ❑ Está lloviendo
- ❑ Tengo 10 años

It is 100° F. What do you say? (Check the correct box):
- ❑ Está nevando
- ❑ Está lloviendo
- ❑ Hace calor

It is a nice day. What do you say? You say: **Hace buen tiempo or ¡Qué lindo día!**

¡Vamos a practicar!

En parejas, practiquen las preguntas y respuestas. (Use **mucho** or **un poco de frío** or **calor**. Notice that in Spanish you have "a little *of* cold or heat, which is

"un poco <u>de</u> calor or frío. However, with *mucho*, <u>de</u> is not used.

Est.1: ¿Tienes frío? <u>or</u> ¿Tienes calor? _______

Est.2: <u>No, no</u> tengo _______ (or) Sí, tengo _______ (or) Sí, tengo mucho _______
(or) <u>Sí, tengo</u> un poco de _______ ¿Y tú?

Est.1: Yo tengo _______ (or) Yo no tengo _______

Lección 11: Los animales

¡Los animales también *(also)* hablan!

CD 1, Track 20

¿Cómo hacen? *...means "how do they do", but with animals it means "what sounds do they make", or "how do they talk".)*

El gallo

hace ...
¡quiquiriquí!

La gallina

hace ...co co, co
co co
Los
pollitos
hacen ...
¡pío, pío,
pío...!

El pato y los patitos
hacen ...cuac,
cuac...cuac

El gato

hace ...
¡miaaauuuu!

El perro

hace ....
¡guau, guau,
guau!

La vaca

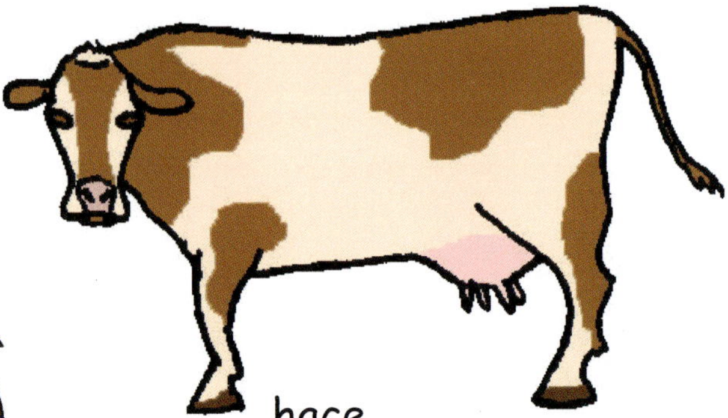

hace ...
muuuuuuu...

El burro

hace ... jijo..
jijo....

La oveja
hace ...
bjeee,
bjeee ....

El lobo

hace ...
uuuuuuuuuuuu

El ratón

Y ¿el pájaro
carpintero?

hace ... cuic, cuic,
cuic...

Y ¿este ratón?

Éste no habla,
pero ... ¡escribe!

Hace ruido con el pico *(bick)*: toc, toc, toc...

¡Vamos a practicar!

En parejas, practiquen las preguntas y respuestas
con diferentes animales. (Take turns asking.)

EJERCICIO 1. **Modelo:**
Est. 1 – ¿Cómo hace el lobo?
Est. 2 – El lobo hace "uuuuuuuuuuuuuu"
      Now ask about different animal sounds.
EJERCICIO 2. **Modelo:**
Est. 1 – ¿Qué animal hace bjeee, bjeee?
Est. 2 – La oveja

More animals: El león (*lion*), el buho (*owl*), el cisne (*swan*), el ganso (*goose*), el
toro (*bull*), el zorro (*fox*), la tortuga (*turtle*), el caballo (*horse*), el tigre (*tiger*), el
elefante (*elephant*), la jirafa (*giraffe*), la araña (*spider*), la serpiente (*snake*), el mono
(*monkey*)

Los pronombres personales:

Here is the complete set of "personal pronouns":

 CD 1, Track 21

> **Yo** = I
> **Tú** = You informal
> **Usted** = You formal
> **Él** = He
> **Ella** = She
>
> **Nosotros / Nosotras** = We
> **Ustedes** = You all (_vosotros_ in Spain)
> **Ellos / Ellas** = They

In Spanish, there is another form of _you_, which is formal: **Usted**
It is reserved for people older than you (outside your family) or for people in important positions in relation to you. For example, your teacher.

When using _Usted_, do not use "s" at the end of the verb. For example:

> Laura, ¿tú tienes* un perro?   vs.   Señor, ¿Usted tiene un perro?

¡Vamos A LEER! _(Let's read)_

DIÁLOGO 1: Laura y la señora López:

Laura: - Señora, ¿Usted tiene un perro en su casa?
La sra. López: - No, no tengo un perro. Y ustedes, ¿tienen animales?
Laura: - Sí. Nosotros tenemos dos conejos.
La sra. López: - ¿Están en la casa?
Laura: - ¡No! Ellos tienen su casa en el jardín.
La sra. López: - ¡Ah, qué bien!

Two new verbs: Querer (to want) and IR (to go)

Querer	Ir
Yo quiero — I want	**Yo voy** — I go
tú quieres — you want	**tú vas** — you go
usted quiere — you (formal) want	**usted va** — you (formal) go
él, ella quiere — he, she wants	**él, ella va** — he, she goes
nosotros queremos — we want	**nosotros vamos** — we go
ustedes quieren — you all want	**ustedes van** — you all go
ellos, ellas quieren — they want	**ellos, ellas van** — they go

*see page 24 for a review of the verb _Tener_

40

¡Vamos a practicar! 

Imagine that somebody wants to give you an animal of your choice. Say which one you want.

Modelo: - Yo quiero una serpiente. ¿Y tú, qué quieres?
- Yo quiero un caballo.

Review Lesson 10 vocabulary, then choose a dialog to memorize. Children perform the people and animal roles.

> <u>Important</u>: note, in the dialogs below, that if "ir" is followed by a *place*, then "al" or "a la" (both mean "to the") are used. Examples: "Voy <u>a la</u> escuela" and "Voy <u>al</u> coche." However, if "IR" is followed by an <u>action,</u> such as *estudiar* (to study, as in dialog 4 below) "al" and "a la" are not used.
> Note that "**al**" is a combination of **a** + **el.**

SEIS DIÁLOGOS

1

La tortuga:	¿Adónde va usted?
El perro:	Voy al parque. ¿Quieres ir conmigo?
La tortuga:	No, gracias. ¡hace mucho viento!

2

La lechuza:	¿Adónde vas?
El conejo:	Yo voy a la escuela.
La lechuza:	¿Por qué vas tan rápido?
El conejo:	¡Porque está lloviendo!

3

La mamá pata:	¿Adónde van ustedes?
Los patitos:	Vamos al agua.
La mamá pata:	¿No tienen frío?
Los patitos:	No. ¡Tenemos calor…!

4

Luisito:	Papá, ¿Vamos al circo?
Papá:	Hoy no. ¡Está nevando!
Papá:	Luisito, ¿Vas a estudiar?
Luisito:	Hoy no. Hace mucho frío.

5

Amigo:	Luisito, ¿Adónde vas?
Luisito:	Voy a la escuela.
Amigo:	¿Y por qué tienes el libro en la cabeza?
Luisito:	¡Porque hace mucho sol!

6

Miguelito:	¡Mami, mami! Ellos tienen un conejo y una tortuga. ¿Y YO? ¡Yo no tengo animalitos! ¡Yo quiero uno!
Mamá:	Bueno, bueno… mañana nosotros vamos a comprar (*we are going to buy*) un animalito.
Miguelito:	¿Tú y yo vamos?
Mamá:	¡Sí! ¡Nosotros! Vamos al mercado a comprar… ¡un pescadito! (*a little fish*)

Lección 12: La familia

¿Quién es? ¿Cómo es?
(Who is she/he?)   *(What is he/she like?)*

Alicia lleva (takes) una fotografía de su familia a la clase de español. Los amigos le preguntan: "¿Quién es?" Alicia dice:

Él es mi papá. Es muy alto, simpático y guapo.

Ella es mi mamá. Es alta, bella y muy buena.

Él es mi hermano. Es un chico bueno pero um poco travieso.

Y ésta (this) soy yo. ¡La hija! Soy inteligente, bonita y estudiosa.

Ella es mi hermana. Es dulce y hermosa.

Juliana y Marcelo son mis hermanos. Somos una familia pequeña.

Ser = *to be*

Yo soy	Nosotros somos
Tú eres	Ustedes son
Él / Ella / Usted es	Ellos / Ellas son

Alicia (A) y Ricardo (R) conversan. Escucha y repite:

A - ¿Tienes hermanos?
R – No, no tengo hermanos.
A – Ah, tú eres hijo único.
R – Así es.

R - ¿Tu familia es grande?
A – No, somos cinco.
R – ¿Eres el mayor?
A – No, soy el menor.

¡Vamos a practicar! Con un compañero,

pratica el diálogo. Modelo:

Est. 1. ¿Tienes hermanos?
Est. 2. Sí. Tengo un hermano y dos hermanas.
Est. 1. ¿Cómo se llaman?
Est. 2. Mi hermano se llama Juan y mis hermanas se llaman Julia y Rosa.

---

alto = *tall;* **Así es** = *that's correct/right;* **bella** = *beautiful;* **bonito/a** = *pretty;* **bueno** = *good;* **dulce** = *sweet;* **estudioso** = *studious;* **guapo** = *handsome;* **hermano** = *brother;* **hermana** = *sister;* **hermosa** = *beautiful;* **hijo** = *son;* **hija** = *daughter;* **hijo único** = *only child:* **mayor** = *older;* **menor** = *younger;* **pequeño** = *small;* **simpático** = *nice;* **travieso** = *mischievous*

Más descripciones

- ¿Cómo es tu hermano Raúl?

- Él es alto *(tall)*, delgado *(slender)*, atlético y agradable *(agreeable)*.

-¿Cómo es tu mamá?

-Ella es baja *(short)*, bonita *(pretty)*, muy optimista y un poco gordita. *(a little plump)*

- ¿Cómo es tu perro?
- Él es perezoso *(lazy)*. Pero ... *(but)* es muy simpático.

- ¿Cómo son tus profesores?
- Ellos son interesantes y buenos ... a veces *(sometimes)*.

Con un compañero hagan las preguntas y respuestas:
¿Cómo es Raúl?   ¿Cómo es la mamá?   ¿Cómo es el perro?
¿Cómo son los profesores?   ¿Cómo es tu profesor de ...
(complete). ¿Cómo eres tú? *(begin answer with "Yo soy...")*

Otras palabras para describir:
rubio/a = *blond*   **moreno/a** = *brunette*   **feo/a** = *ugly*   **fuerte** = *strong*

Can you guess these?
responsable, irresponsable, terrible, hablador (or habladora), cómico/a, generoso/a

Lección 13: Los parientes

(The relatives)

CD 2, Track 1

Los abuelos *(grandparents)*, los tíos *(uncles)* y los primos *(cousins)* son los parientes. Pero, ¡hay más parientes!

Horacio lleva a clase la foto de su familia.
Los amigos preguntan : **¿Quién es?** Horacio dice:

Éstos son mis parientes.

> éste / ésta = *this*   éstos / éstas = *these*

El árbol genealógico *(family tree)*

¡Atención!

Be careful with the pronunciation of "hermano/a", "hijo/a". The "**h**" is not pronounced and the "**j**" sounds like an English "**h**".

Ejercicios
1. Mira el árbol genealógico de Horacio y responde a las preguntas:

¿Cuántos abuelos tiene Horacio? ¿Cuántos tíos tiene?

¿Tiene muchos primos y primas? ¿Tiene hermanas? ¿Cuántas?

¿Tiene hermanos?

¿Es una familia pequeña o grande?

Más vocabulario

padrastro = *stepfather*	**hermanastro** = *stepbrother*
madrastra = *stepmother*	**hermanastra** = *stepsister*
medio hermano = *half brother*	**media hermana** = *half sister*
bisabuelo = *great-grandfather*	**bisabuela** = *great-grandmother*
esposos = *a married couple*	**padres** = *parents*
suegro = *father-in-law*	**primo** = *boy cousin*
suegra = *mother-in-law*	**prima** = *girl cousin*
sobrino = *nephew*	**sobrina** = *niece*
padrino = *godfather*	**madrina** = *godmother*

<u>Note</u>: Instead of *"my mother's friend"*, you say *"the friend of my mother"* in Spanish.

For example: Mi tío Luis es el hermano de mi mamá.
My uncle Luis is "the brother of my mom"

2. Form correct sentences by matching the first column with the second:

1. Mi tía es	el hijo de mi tío
2. Mi primo es	el hermano de mi mamá
3. Mi abuela es	la hermana de mi papá
4. Mi tío es	el papá de mi abuelo
5. Mi prima es	la hija de mi tío
6. Mi bisabuelo es	la mamá de mi papá

¡Vamos a practicar! Con un compañero 

1. Pregúntense *(ask each other)* sobre *(about)* los miembros de la familia.

Est. 1 ¿Tienes tíos?
Est. 2 Sí, tengo tíos.
Est. 1 ¿Cuántos tíos y tías tienes?
Est. 2 Tengo 3 tíos y 2 tías. ¿Y tú?

2. Review the vocabulary from p. 43, then ask your partner:
a) who is his/her favorite relative, and b) ask for a description of the person.
You need to use the interrogative sentences **¿Quién es?** and **¿Cómo es?**

Modelo:
Est. 1 ¿Quién es tu pariente favorito?   Est. 2 Es mi prima Ana.
Est. 1 ¿Cómo es ella?   Est. 2 Es inteligente y simpática.

Lección 14:   Las partes del cuerpo

(Parts of the body)

CD 2, Track 2

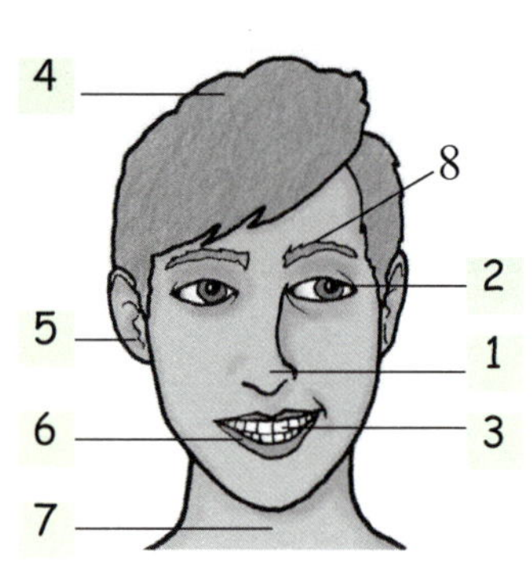

1 la nariz
2 los ojos
3 los dientes
4 el pelo
5 la oreja
6 la boca
7 el cuello
8 las cejas

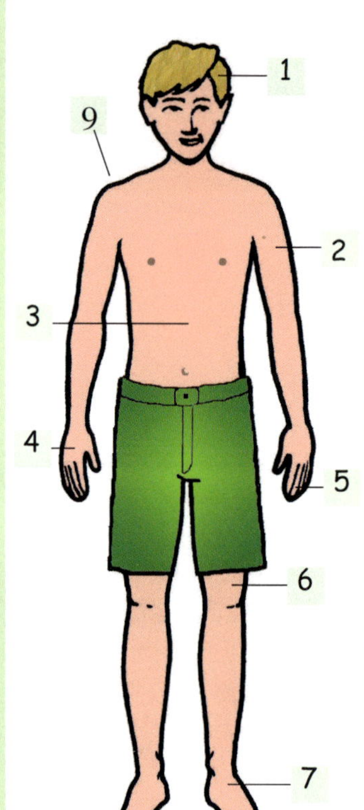

1 la cabeza

2 el brazo

3 el estómago

4 la mano

5 los dedos de la mano

6 la pierna

7 el pie

8 los dedos de los pies

9 el hombro

Ejercicio de asociaciones:

Which animal (en **rojo**) do you associate with these parts (en **azul**) of the body?	Which sport or instrument (en **azul**) do you associate with these parts (en **rojo**) of the body?
conejo — *ojos grandes* **jirafa** — *orejas y nariz grande* **elefante** — *piernas largas (long)* **lechuza** *(owl,* — *dientes y orejas grandes* *also:* <u>buho</u>*)*	tocar *(play)* **la guitarra** — *brazos, manos* practicar **baloncesto** — *piernas, pies* practicar **fútbol** — *dedos de la mano*

Con un compañero

Simón dice: Tell each other to touch some part of the body, saying "toca" *(touch)*.

Modelo: Toca la cabeza, toca el brazo, toca la pierna, toca la nariz… etc.

¿Qué le pasa? *(What's the matter?)*

¿Dónde le duele? *(Where does it hurt?)*

Laura is not feeling well. Every day she has a problem. What is her problem?
Review Lección 13: Los parientes

Lunes

El hermano: ¿Qué te pasa?
    Laura: ¡Ay! ¡Me duele aquí!
El hermano: ¿Dónde?
    Laura: ¡Aquí! ¡Este dedo!
El hermano: ¿Quieres un BandAid?
    Laura: Sí, por favor.

Jueves

El abuelo: ¿Qué te pasa?
    Laura: ¡Ay! ¡Me duele aquí!
El abuelo: ¿Dónde?
    Laura: ¡Aquí! ¡Este diente!
El abuelo: ¿Quieres ir al dentista?
    Laura: ¡NOOOO! ¡No quiero ir al
    dentista!

Miércoles

El primo: ¿Qué te pasa? ¿Qué te duele?
    Laura: ¡Me duele el estómago!
El primo: ¿Quieres un té?
    Laura: Bueno, gracias.
    Mmmm, ¡qué bueno!

Viernes

    La tía: ¿Qué te pasa?
    ¿Dónde te duele hoy?
    Laura: ¡Me duele la cabeza, los ojos,
    la garganta y los pies!
    La tía: Pobrecita...vamos al médico.
    Laura: ¡No tía ! ¡No quiero ir al médico!

¡Atención!

With the verbs *duele* and *pasa* you <u>should not</u> use the pronouns *yo, tú, él, ella*. Use the pronouns *me, te* and *le* instead.

Me duele - Te duele - Le duele / Me pasa -Te pasa - Le pasa

Con un compañero: 

1. Practiquen las preguntas y respuestas:

    1. El lunes, ¿qué le duele a Laura? ¿Y qué le ofrece *(offers)* el hermano?
    2. El miércoles, ¿qué le pasa a Laura? ¿Y qué le ofrece el primo?
    3. El jueves, ¿qué le pasa? ¿Y qué le dice *(says)* el abuelo?
    4. El viernes, ¿qué problema tiene Laura? ¿Y qué le dice la tía?

2. Estudiante 1 pretends to have a problem. Choose any part of the body and use
"*me duele*". Estudiante 2 offers something (ex: *¿Quieres un té, un chocolate,
un médico, un dentista, ir a la enfermería ...?*)

---

me duele aquí. = *it hurts here*; **por favor** = *please*; **garganta** = *throat*; **té** = *tea*; **médico** = *doctor*

Lección 15: Las actividades

Un día en la vida de

Estos son Arturo y su perro Bobi.

Por la mañana, Arturo va a trabajar.

Bobi también quiere ir al trabajo, pero el chofer dice "¡No no no!"

¡Pobre Bobi! Camina a la casa frustrado.

A las 2 de la tarde, Arturo llega ...

y Bobi corre ...

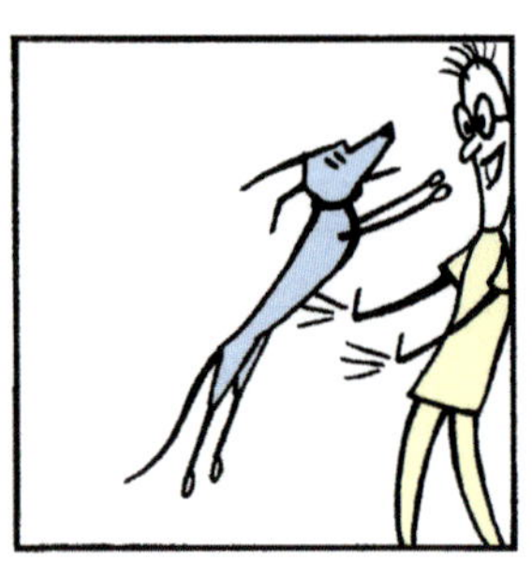

salta ...

¡y besa! a Arturo.

Después, Arturo se sienta para escribir y come un sándwich.

---

vida = *life;* **camina** = *he walks;* **llega** = *he arrives;* **corre** = *he runs;* **salta** = *he jumps;*
besa = *he kisses;* **se sienta** = *he sits down;* **después** = *later;* **escribir** = *to write;* **come** = *he eats*

Arturo y Bobi

Bobi también come un sándwich...

... y toma una soda.

Más tarde, cuando Arturo lee su libro...

... Bobi mira la televisión.

Después de leer, Arturo toca la guitarra y canta ...

... pero Bobi prefiere tocar el piano.

Cuando llega la esposa de Arturo, ve al perro en su piano ...

... y dice ¡Ay! ¡Dios mío!, ¿por qué no vas al jardín?

Y Bobi, que es un perro obediente, se va a jugar al jardín.

Por la noche, Arturo habla por teléfono.

... y Bobi escucha la radio.

Finalmente, todos se van a dormir.

---

toma = *he drinks;* **lee** = *he reads;* **mira** = *he watches;* **toca** = *he plays (an instrument);*
canta = *he sings;* **ve** = *she sees;* **jugar** = *to play;* **dormir** = *to sleep;* **¡Ay! ¡Dios mío!** = *Good gracious!;* **jardín** = *garden;* **la esposa** = *wife;* **escucha** = *he/she listens*

¿Qué hace? ¿Qué quiere hacer?

(What does he/she do? What does he/she want to do?)

Con un compañero: responde a las preguntas.

(Check your answers with CD 2, Track 3)

1. Cuando Arturo toma el autobús, ¿qué quiere hacer Bobi?
2. ¿Qué dice el chofer del autobús? ¿Y qué hace Bobi?
3. ¿A qué hora llega Arturo del trabajo?
4. ¿Qué hace Bobi?
5. ¿Cómo saluda *(greets)* Bobi a Arturo?
6. Por la tarde, ¿qué come Arturo? ¿Qué toma Bobi?
7. ¿Qué lee Arturo?
8. Y mientras *(while)* Arturo lee, ¿qué hace Bobi?
9. Después de leer, ¿qué hace Arturo?
10. ¿Y Bobi?
11. ¿Qué dice la esposa de Arturo cuando ve a Bobi?
12. ¿Dónde va a jugar Bobi?
13. Por la noche, ¿qué hace Arturo?
14. Y mientras Arturo habla por teléfono, ¿qué hace Bobi?
15. Y finalmente, ¿adónde van todos?

Note: When you answer a question such as " ¿Que hace...?" (what does he/she do), do not use the verb "hace" (to do) in your answer. Just say the action directly.

Example: Q: ¿Qué hace Bobi?
         A: Bobi corre.

1. Bobi quiere ________________
2. El chofer dice ____________ y Bobi ______
3. Arturo llega a ____________
4. Bobi ____________________
5. Bobi ____________ a Arturo.
6. Arturo____________ y Bobi ____________
7. Arturo____________________
8. Bobi ____________________
9. Después de leer, Arturo ______
10. ...y Bobi____________
11. Ella dice____________
12. Él va ________________
13. Arturo________________
14. Bobi ________________
15. Finalmente, todos __________

Canción

CD 2, Track 20

Con mi boca digo "HOLA"
y hablo bien el español.
Con mis piernas juego al fútbol
y también al básquetbol.
Con mis ojos leo un libro
y miro televisión.

Con mis manos toco el piano,
con mis dedos la nariz.
Con mis pies corro descalzo
cuando estoy en el jardín.
Con mis brazos yo te abrazo
iy me siento muy feliz!

descalzo = *barefoot;* **te abrazo** = *I hug you;*
me siento = *I feel;* **feliz** = *happy*

Más actividades:

patinar en el hielo *(to ice skate);* dibujar *(to draw);* nadar *(to swim);*
esquiar *(to ski);* pintar *(to paint);* cantar *(to sing).*

Diálogos: **para** = *to, in order to*

1. - ¿Adónde vas para nadar?   - Voy a la piscina.
2. - ¿Adónde vas para esquiar?   - Voy a las montañas.

Ejercicio: Combina las dos columnas

¿Qué parte del cuerpo usamos para ...

1.	tocar el piano?	los ojos
2.	caminar o correr?	la boca
3.	leer?	las piernas, los pies
4.	respirar?	las orejas
5.	besar?	la nariz
6.	abrazar?	las piernas, los pies
7.	escuchar?	los brazos
8.	jugar al fútbol?	los dedos
9.	nadar?	todo el cuerpo
10.	cantar?	la garganta

---

abrazar = *to hug;* **la garganta** = *the throat;* **piscina** *or* **pileta** = *swimming pool;* **respirar** = *to breathe;*
todo el cuerpo = *the entire body*

Lección 16: Comidas y bebidas

(Food and drinks)

EL DESAYUNO *(breakfast)*

CD 2, Track 4

Para comer y para beber (or tomar) *(to eat and to drink)*

Con un compañero, practica el diálogo:

Est. 1: ¿Qué comes para el desayuno?

Est. 2: Como... *(complete)* ¿Y tú?

Est. 1: Yo como... *(complete)* ¿Y qué tomas?

Est. 2: Tomo... *(complete)* ¿Y tú?

Est. 1: Tomo... *(complete)*

---

jugo = *juice;* **tostada** = *toast;* **pan** = *bread;* **panqueques** = *pancakes;* **azúcar** = *sugar*

Para comer y para beber

la sopa    el sándwich 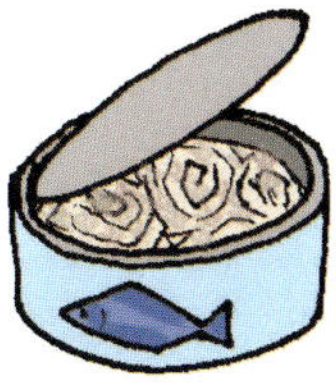   el atún

las galletas    la pizza 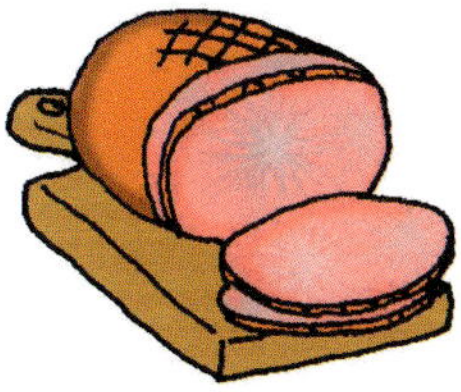   el jamón

la hamburguesa    las papas fritas    el queso

los refrescos 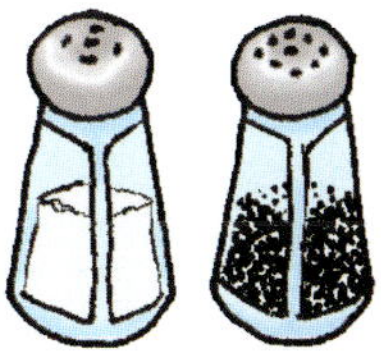   la sal y la pimienta

el agua    la ensalada de tomates y lechuga

Con un compañero,  practica el diálogo:

-¿Qué comes para el almuerzo?   -Como... *(choose a food)*
-¿Qué tomas?   -Tomo... *(choose a drink)*

---

jamón = *ham;* **queso** = *cheese;* **galletas** = *crackers or cookies;* **refrescos** = *soft drinks;*
agua mineral = *soda water;* **sopa** = *soup;* **papas fritas** = *french fries;* **sal** = *salt;* **pimienta** = *pepper;*
ensalada = *salad;* **vinagre** = *vinager;* **empanadas** = *turnovers (small pies);* **lechuga** = *lettuce*

Para comer y para beber

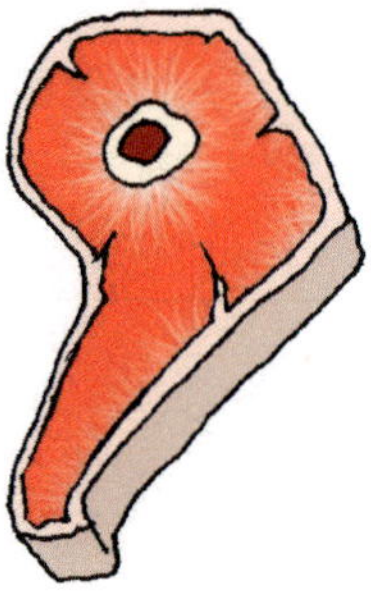

la carne

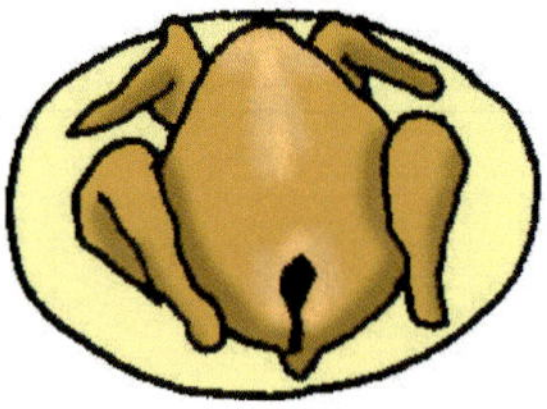

el pollo

el pavo

el pescado

el arroz
los frijoles

el vino

el puré de
papas

las zanahorias
(las verduras)

el maíz

Con un compañero  practica el diálogo:

-¿Qué comes para la cena?
 ¿Qué tomas?
-¿A qué hora come tu familia?

- Como.... *(choose a food)*
- Tomo.... *(choose a drink)*
- Comemos a las ... *(say the time)*
  (Ej: a las seis, a las siete, a las
  ocho...)

---

carne = *meat;* **pollo** = *chicken;* **pavo** = *turkey;* **pescado** = *fish;* **arroz** = *rice;* **frijoles** = *beans;*
vino = *wine;* **puré de papas** = *mashed potatoes;* **verduras** = *vegetables;* **zanahorias** = *carrots;*
maíz = *corn;* **mariscos** = *shellfish;* **chuletas de cerdo** = *pork chops;* **asado** = *roast;* **frito** = *fried*

Con un compañero practica el diálogo:

-¿Qué postre prefieres? - Prefiero........ *(complete)*. ¿Y tú?

LA MESA

Con un compañero practica el diálogo:

-¿Qué comes para el almuerzo?   - Como.... *(choose a food)*

¿Qué tomas?   - Tomo.... *(choose a drink)*

<u>Note</u>: in Mexico, "torta" is sandwich and "pastel" is cake.

¿Para qué es? *(What is it for?)*

Palabras nuevas *(new)*

cortar	limpiarse	poner	beber	servir	necesitar
to cut	*to clean yourself*	*to put*	*to drink*	*to serve*	*to need*

Ejercicio de lectura *(reading).*

Read these sentences and complete the missing words as suggested by the drawings.

Modelo:

El _______*cuchillo*_______ es para cortar la comida.

La _______________ es para beber el café, la leche o el té.

El _______________ es para beber el agua o el jugo.

La _______________ es para limpiarse la boca.

El _______________ es para poner la comida.

La _______________ es para poner el azúcar en la taza.

La _______________ es para beber el vino.

La _______________ es para servir el agua.

La _______________ es para tomar la sopa.

El _______________ es para poner la comida en la boca.

El _______________ *(serving spoon)* es para servir la sopa.

Ejercicio ¿Qué necesitamos? Combina las columnas

1. Para cortar la carne necesitamos	una cuchara
2. Para beber jugo, agua o leche necesitamos	una servilleta
3. Para beber café o té necesitamos	un vaso
4. Para tomar la sopa necesitamos	un cuchillo
5. Para limpiarnos (clean) la boca necesitamos	un tenedor
6. Para comer necesitamos	una taza
7. Para servir la sopa necesitamos	un cucharón

las manzanas

las peras

las naranjas

las mandarinas
(tangerines)

los duraznos
(or melocotones)

las fresas

las cerezas

las uvas

las bananas

la piña

el coco

los mangos

los abocados
(los aguacates)

el melón
(cantaloupe)

la sandía

¿Cuánto cuesta? ¿Cuánto cuestan?

(How much is it?   *(How much are they?)*

Diálogo 1

- ¿Cuánto cuesta el arroz?
- Diez pesos el kilo (Kg).
- ¡Qué caro! ¿Tiene descuento
  para mí?
- No. ¡Lo siento!

Diálogo 2

- ¿Cuánto cuestan los plátanos?
- Cincuenta centavos la docena (12).
- ¡Qué baratos! ¡Qué buen precio!
- ¡Precio especial para usted,
  señorita!

Diálogo 3

- ¿Cuánto cuestan las uvas?
- Cinco pesos la libra (lb).
- ¿Y por qué son tan caras?
- Son importadas, señora. De Chile.

Diálogo 4

- ¿Cuánto cuesta el salmón?
- Veinte pesos los cien gramos
  (grams).
- ¿No tiene otro pescado más
  barato?
- Sí, tenemos sardinas.

Con un compañero, practica el diálogo

"¿Cuánto cuesta?". Usa comidas diferentes.

caro = *expensive;* **barato** = *cheap*

Lección 17: ¿Tienes hambre?

(Are you hungry?)

CD 2, Track 6

Una hamburguesa

Agua

Ejercicios: ¿Qué quieres?

Combina las columnas 1 y 2.

1. ¿Tú quieres un sándwich de	leche?
2. ¿Tú quieres un helado de	jamón y queso?
3. ¿Tú quieres un vaso de	vainilla?
4. ¿Tú quieres un pastel de	lechuga y tomates?
5. ¿Tú quieres una ensalada de	manzanas?

Con un compañero

Practica los diálogos y expresa tu preferencia en comidas y bebidas.

DIÁLOGO 1

- Tengo hambre.
- ¿Qué quieres comer?
- Quiero ______________

DIÁLOGO 2

- Tengo sed.
- ¿Qué quieres beber?
- Quiero ______________

Tengo hambre = *I am hungry;* **Tengo sed** = *I am thirsty*

En grupos de 3

Play the roles of the attendant and the two clients. Read the dialogue and memorize the parts. Then perform them by heart.

Déme = *give me;* **naranjada** = *orange soft drink;* **su** = *your;* **todo** = *everything*

Lección 18: Las preferencias

¿QUÉ TE GUSTA? *(What do you like?)*
¿CÓMO TE GUSTA? *(How do you like it?)*

 CD 2, Track 7

Me gusta	I like	No me gusta	I don't like
Te gusta	You like	No te gusta	You don't like
Le gusta	He or she likes	No le gusta	He/she doesn't like
Nos gusta	We like	No nos gusta	We don't like
Les gusta	They like	No les gusta	They don't like
	You all like		You all don't like

Diálogo
- ¿Te gusta la pizza?
- Sí, me gusta la pizza.
- ¿Cómo te gusta la pizza?
- Me gusta SIN *(without)* cebolla *(onion)*. ¿Y a ti? *(and you?)*
- A mí me gusta CON *(with)* <u>mucha</u> cebolla.

¡Recuerda! For "gusta" <u>do not use</u> the pronouns *yo, tú,* or *él/ella.*
Use:

ME, TE, LE, NOS, LES

Con un compañero

1. Practica el diálogo y expresa tu preferencia para la pizza.
Recuerda: con = *with*; sin = *without*. Mira los ejemplos:

Me gusta la pizza
| con... |
| or |
| sin... |

aceitunas *(olives)*
tomates
jamón
queso
¿? *(create your own pizza)*

2. Pregunta qué le gusta para comer o beber.

Modelo:

Est. 1 - ¿Te gusta la comida mexicana?

Est. 2 - Sí, me gusta.
or   - No, no me gusta.

Est. 1 - ¿Qué fruta te gusta más *(the most)*?

Est. 2 - Me gusta el melón.

Est. 1 - ¿Qué fruta te gusta menos *(the least)*?

Est. 2 - No me gusta el pomelo.
(grapefruit)

Other possible questions:

- ¿Te gusta comer en un restaurante?
- ¿Te gusta la comida de la escuela *(school)*?
- ¿Te gustan los pickles?
- ¿Te gusta comer huevos para el desayuno?
- ¿Qué postre te gusta?
- ¿Qué refresco *(soft drink)* te gusta?

<u>Note</u>: Say *gustan* if what you like is plural, as in "*Me gustan las uvas.*"

En grupos de 3 👫👤

Play the roles of the two clients *(clientes)* and the waiter or waitress *(camarero o camarera; mozo o moza, mesero o mesera)*. **Repite el diálogo**, **cambiando** *(changing)* **comidas y bebidas. Por ejemplo, you can use:**

Para beber	Para comer
agua	huevos revueltos *(scrambled eggs)*
leche	panqueques
jugo de naranja	papas fritas
jugo de piña	una hamburguesa
jugo de *(choose a fruit)*	un sándwich de pollo
limonada	un sándwich de pavo
	carne
	un budín
	un helado
	pastel
	(Choose any food item from Lesson 16)

You may follow this pattern:

Mesero - ¿Qué quieren comer ustedes?

Cliente 1 - Quiero_________________________ *(choose your food)*
    (or)
    - Déme _________________________

Cliente 2 - Yo quiero _________________________
    (or)
    - Para mí _________________________

Mesero - ¿Y qué les gustaría beber?

Cliente 1 - Me gustaría _________________________ *(choose your drink)*
    (would like)

Cliente 2 - Me gustaría_________________________ *(choose your drink)*

Mesero - Aquí tiene *(or)* Aquí está.

Cliente 1 - ¿Cuánto es?
    (how much is it?)

Mesero - _________________________ *(give the price, such as "dos pesos")*

Cliente 2 - Aquí está.
    (here it is.)

Lección 19: La ropa *(Clothing)*

Otros:

gorra (baseball cap), botas (boots), vestido (dress), pantalones cortos (shorts), zapatos de vestir (dress shoes), traje (suit), bufanda (scarf), paraguas (umbrella), bolso (purse, bag), cartera (billfold or purse), pañuelo (handkerchief), traje de baño (bathing suit)

Más ropa...

Objetos personales

el peine   el jabón   el cepillo de dientes   la toalla

Otros:

el desodorante, el perfume, el champú, el cepillo de pelo *(hair brush)*, las tijeras *(scissors)*, las gafas (or) anteojos *(glasses)*, las gafas de sol *(sun glasses)*

¡Que lío, Alicia! *(What a mess...!)*

Alicia is packing for a trip and she doesn't know where things are.
Her friend is helping her to find her clothes:

> Alicia: **¿Dónde están mis pantalones?**
> Amiga: **Están en el suelo.**
> Alicia: **¿Y dónde están mis medias?**
> Amiga: **Están en la silla...** *(¡Qué chica desordenada es Alicia!)*

Con un compañero

Practiquen el diálogo entre Alicia y la amiga de Alicia. Remember to use *en…, arriba de…,* or *debajo de…*
(See review on page 23 if needed)

Some possible questions you can ask:

¿Dónde está mi suéter rojo?	Está________________
¿Dónde están mis zapatos?	Están ________________
¿Dónde está mi gorro?	Está________________
¿Dónde están mis medias?	Están________________
¿Dónde está mi camiseta blanca?	Está________________
¿Dónde está mi bufanda?	Está________________

desordenado/a = *untidy/messy;* **gorro** = *winter cap*

En algunos *(some)* países de Latino América, la ropa es muy diferente.

Las personas que viven *(live)* en el interior del país, en el campo *(countryside)*, en las montañas y en las villas o aldeas *(villages)* usan *(use)* ropas típicas de su cultura. Son muy coloridas y bonitas.

Observa a esta chica de Guatemala.
Ella usa la ropa tradicional de los mayas, el pueblo *(people)* indígena de Centro América.

En la cultura maya las mujeres *(women)* usan el pelo largo *(long)* y una cinta *(ribbon)* de muchos colores en la cabeza.

Esta niña usa una blusa tradicional que* *(that)* se llama "huipil" en la lengua maya.

También usa un cinturón negro bordado *(embroidered)* con un motivo *(motif)* de rosas.

Su *(her)* falda es larga y ajustada *(tight)*.
Se llama "corte".

Las mamás hacen la ropa en el telar *(loom)* y las niñas aprenden *(learn)* a trabajar en el telar cuando tienen más o menos 6 años.

*Note: **qué** = *what*, but **que** (without an accent) = *that* or *who*

PREGUNTAS:
1. ¿Cómo es el pelo de la chica? a) largo b) corto
2. ¿Cómo es la falda de la chica? a) larga b) corta

los mayas

Este chico también *(also)* es un maya de Guatemala.

Él vive *(lives)* en un pueblo que
se llama Santiago de Atitlán.

El pueblo está a orillas *(on the shore)* del
lago *(lake)* Atitlán, rodeado *(surrounded)*
de volcanes.

Su* sombrero es de paja *(straw)*

Su camisa es blanca pero
puede ser *(could be)* de otro color.

También usa un cinturón.
hecho *(made)* en el telar *(loom)*.

Sus pantalones son
blancos con rayas *(stripes)* negras
y un poco cortos *(short)*.

Todos los mayas de Guatemala,
niños y adultos,
usan ropa similar a ésta,
pero cada *(each)* región tiene
diseños *(patterns)* y colores diferentes.

*Note: **su** = his/her (for a single possessed object)
      sus = his/her (for more than one possessed object)

PREGUNTAS:
1. ¿Cómo son sus pantalones?
a) cortos   b) largos   c) un poco cortos

Mira el mapa de Centro América ¿Dónde está Guatemala?
¿Te gustaría visitar este país?

Lección 20: Mi casa

(My house)

Ésta es la casa de Laura.

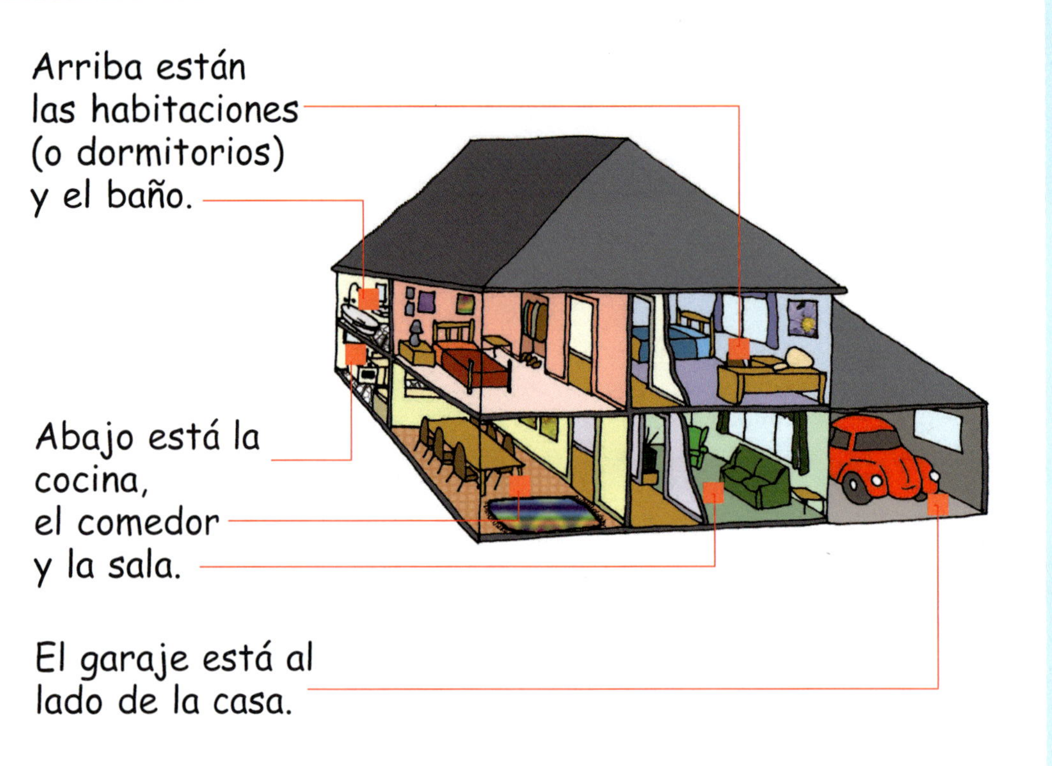

Diálogo entre Laura y su amiga

Amiga : ¿Cuántas habitaciones hay en tu casa?
Laura : Hay dos solamente.
Amiga : ¿Es una casa pequeña?
Laura : Sí. Somos una familia pequeña. Sólo *(only)* tres personas.
Amiga : ¿Hay un jardín?
Laura : Sí. El jardín está en frente de la casa.
Amiga : ¿Hay un patio?
Laura : Sí. El patio está detrás de la casa.

---

cocina = *kitchen;* **comedor** = *dining room;* **sala**: *living room;*
habitaciones (*or* dormitorios) = *bedrooms;* **baño** = *bathroom;* **jardín** = *garden*
<u>Prepositions:</u> **abajo** = *under* or *downstairs;* **arriba** = *up* or *upstairs;* **al lado** = *by* or *beside;*
en frente = *in front;* **detrás** = *behind*

Los muebles y los aparatos domésticos

(Furniture)   *(Appliances)*

En la cocina hay

una heladera o refrigerador,
una estufa o cocina y una mesa
pequeña.

En la sala hay

un televisor, un equipo de música,
un sofá y una alfombra.

En el comedor hay

una mesa y 6 sillas.

En el dormitorio hay

una cómoda, un espejo, una cama y
un ropero.

En el baño hay

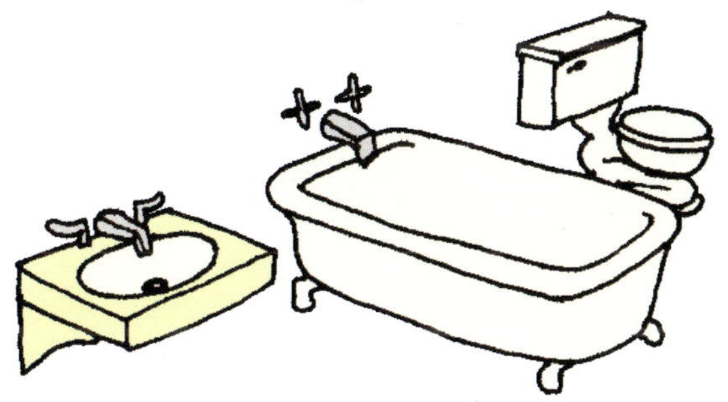

una pila (o pileta), una bañera
(o tina) y un inodoro.

En el garaje hay una bicicleta ¡y muchas cosas!

---

heladera (*or* **refrigerador**) = *refrigerator;* **estufa** (*or* **cocina**) = *stove;* **alfombra** = *carpet* or *rug;*
cómoda = *dresser;* **espejo** = *mirror;* **cama** = *bed;* **ropero** = *closet;* **pila** = *sink;* **bañera** = *bathtub;*
inodoro = *toilet*

1. Practiquen las preguntas y respuestas sobre *(about)* la casa de Laura:

1. - ¿Cuántas habitaciones hay en la casa de Laura?   - Hay ...
2. - ¿Qué hay en la habitación de Laura?   - Hay ...
3. - ¿Cuántos baños hay en la casa de Laura?   - Hay ...
4. - ¿Dónde está el baño?   - Está ...
5. - ¿Dónde están las habitaciones? ¿Arriba o abajo?   - Están ...
6. - ¿Qué hay en la cocina?   - Hay ...
7. - ¿Qué hay en la sala?   - Hay ...
8. - ¿Qué hay en el comedor?   - Hay ...
9. - ¿Dónde está el patio? ¿Atrás o en frente?   - Está ...
10. - ¿Dónde está el garaje? ¿Detrás de la casa o al lado?   - Está ...
11. - ¿Dónde está el jardín? ¿Detrás de la casa o en frente?   - Está ...

2. Hagan las preguntas <u>sobre sus casas.</u> Por ejemplo:

1. ¿Cuántas habitaciones hay en tu casa?
2. ¿Cuántos baños hay?
3. ¿Dónde está el baño? ¿la sala?
4. ¿Qué hay en la sala?
5. ¿Dónde está la cocina? ¿Y el comedor?
6. ¿Hay un televisor? ¿Dónde está?
7. ¿Hay un patio? ¿Hay un jardín?
8. ¿Cuántas camas hay en tu habitación?
9. ¿Dónde está la mesa?
10. ¿Dónde estudias tú, normalmente?

El diminutivo:

Words ending in "ito" / "ita" and plurals "itos" / "itas" are used to indicate small things.   Por ejemplo:

Una <u>casita</u> es una casa pequeña.

Un <u>perrito</u> es un perro pequeño.

But diminutives are also used as endearing expressions. For example:
abuelita (abuela), mamita (mamá), papito (papá)

Una casita en las montañas

Este niño vive en una cas<u>ita</u> en Los Andes.

¿Cómo describes su casa?

CD 2, Track 10

La escuel<u>ita</u> está un poco lejos *(far away)*.
No hay un camino *(road)* para coches y, además *(besides)*, su
familia no tiene coche. Pero hay un camin<u>ito</u> *(a trail)*.

¿Cómo va el niño a la escuela? ¡Tiene que ir en su burr<u>ito</u>!

En la casa no hay *(no hay = there is no)* gas ni *(nor)* electricidad.
La mamá tiene que preparar el fuego *(fire)* con leña *(wood)*
para cocinar *(to cook)* y para estar calent<u>itos</u> *(to be warm)*.

LOS ANDES son las montañas de Sud América. Mira el mapa.
Van desde *(from)* **Venezuela hasta** *(to)* **Argentina y Chile.**

Lección 21: El pueblo

(The town)

CD 2, Track 11

Este es un pueblito de Chile. En este pueblo hay:

Un mercado *(market or supermarket)*, una escuela *(school)*, un correo *(post office)*, una iglesia *(church)*, un cine *(movie theater)*, una biblioteca *(library)*, un museo *(museum)*, una estación de bomberos *(fire station)*, un banco *(bank)*, varias tiendas *(several stores)* y, por supuesto... *(of course)* ¡una plaza!

También hay: un hotel, un hospital, un aeropuerto y una estación de policía.

¿Dónde están los edificios *(buildings)*?

En el CENTRO del pueblo está la plaza.
A LA IZQUIERDA *(to the left)* DE LA plaza está la escuela.
A LA DERECHA *(to the right)* DEL museo está el mercado.
AL FRENTE *(in front)* DE LA plaza está la iglesia.
DETRÁS *(behind)* DEL hotel está el museo.
CERCA *(close)* DE LA gasolinera está la estación de bomberos.
La escuela está LEJOS DEL aeropuerto.

¿Dónde vivimos?

En una ciudad *(city)*
En un barrio *(neighborhood)*
En un pueblo *(town)*
En el campo *(contryside)*

Con un compañero

A) **Combinen las columnas.**

<u>Modelo:</u>   - ¿Adónde vamos para andar en bicicleta?
- ¡Vamos al parque!

¡CUIDADO! :   **BIBLIOTECA = *Library* / LIBRERÍA = *Bookstore***

¿Adónde vamos para.....   Vamos al.....*(or)* a la ....
  1. ...comer pizza?   biblioteca
  2 ...comprar comida?   panadería
  3 ...leer o sacar un libro?   correo
  4 ...comprar un libro?   banco
  5 ...sacar dinero *(money)*?   iglesia o templo
  6 ...comprar ropa?   pizzería
  7 ...hacer gimnasia *(exercise)*?   librería
  8 ...una clase?   tienda de ropa
  9 ...una ceremonia religiosa?   restaurante
 10 ...una exposición de arte?   mercado o supermercado
 11 ...comprar pan?   hospital
 12 ...llevar una carta *(letter)*?   parque
 13 ...ver a un doctor?   cine
 14 ...lavar la ropa?   escuela
 15 ...cenar con la familia?   lavandería
 16 ...ver una película *(film)*?   farmacia
 17 ...sacar un video?   museo
 18 ...comprar medicinas?   tienda de videos
 19 ...jugar o correr con el perro?   gimnasio
 20 ...escuchar un concierto?   teatro

B)

Tú sabes que...	¿Y qué compramos...
En la pizzería compramos pizza, en la panadería compramos pan, en la librería compramos libros.	1. en la florería? 2. ¿y en la pescadería? 3. ¿y en la pastelería? 4. ¿y en la carnicería? 5. ¿y en la zapatería?

---

lavar = *to wash;* **comprar** = *to buy;* **lavandería** = *cleaners;* **sacar** = *to get something;* **ver** = *to see*

¿Qué haces el fin de semana?
(weekend)

(if)

CD 2, Track 12

¿Qué haces el sábado?

- Si *(if)* no llueve, voy a pescar. ¿Y tú?

- Si hace sol, voy a la playa *(beach)*.

Notice that "Si..." (*if*) does not have an accent; but "Sí" (*yes*) has an accent.

Con un compañero

form sentences using the elements from the three columns. Estudiante 1 asks the questions (column 1) and Estudiante 2 answers (combining columns 2 and 3).

<u>Modelo:</u>

- ¿Qué haces tú el domingo por la mañana?
- Si no llueve, voy a la playa.

Estudiante 1	Estudiante 2	
<u>¿Qué haces tú...</u>		
el sábado a la mañana?	Si tengo dinero...	voy a ...*(name place)*.
el sábado a la tarde?	Si llueve...	vamos al cine.
el domingo a la mañana?	Si no llueve...	voy a la playa.
el domingo a la tarde?	Si hace sol...	vamos a un concierto.
el sábado a la noche?	Si hace calor...	voy a pescar con....
el domingo a la noche?	Si puedo *(if I can)*	**voy**...*(choose any activity)*
el... *(choose other days)*	Si ... *(choose any "<u>if</u> condition")*	

Juego del "Veo-Veo"

Ver *(to see)*

Yo veo	**Nosotros vemos**
Tú ves	**Ustedes ven**
Usted ve	**Ellos/Ellas ven**
Él/Ella ve	

CD 2, Track 13

Est. 1 - ¡Veo veo!
Est. 2 - ¿Qué ves?
Est. 1 - Una cosa. *(something)*
Est. 2 - ¿Qué cosa?
Est. 1 - Maravillosa. *(marvellous)*
Est. 2 - ¿De qué color es?
Est. 1 - Es ...

Con un compañero

play the game *Veo veo*.
(After the question "¿de qué color es?", student 1 says the color of the object he/she sees, and student 2 has to guess what it is. Then students change roles)

¡Entrevista a un amigo! *(interview a friend!)*

Here are some of the questions you can ask.

1. ¿Cómo te llamas?
2. ¿Cuántos años tienes?
3. ¿En qué barrio vives?
4. ¿En qué calle *(street)* vives?
5. ¿Cuál es tu número de teléfono?
6. ¿Cuántas personas hay en tu familia?
7. ¿Tienes un perro? ¿Otro animalito?
8. ¿Cuál es tu comida preferida?
9. ¿Qué color te gusta más?
10. ¿Cuándo es tu cumpleaños?
11. ¿Qué vas a hacer el domingo?
12. ¿Qué te gusta hacer en el tiempo libre? *(free time)*
13. ¿Tienes una computadora?
14. ¿Tienes un teléfono celular?
15. ¿Mandas mensajes de texto? *(text messages)*
16. ¿Cuál es tu correo electrónico?

You can start your answers like this:

1. Me llamo ...
2. Tengo ...
3. Vivo en ...
4. Vivo en la calle ...
5. Mi número es ...
6. Hay ...
7. Sí, tengo ... *or* No tengo ...
8. Me gusta ... *or* Es ...
9. Me gusta el ...
10. Es el ... de ...
11. Voy a ...
12. Me gusta ...
    (see suggestions next column)

andar de bicicleta/ jugar con mis amigos
ir a un restaurante con mi familia
ir al cine con mi familia
leer/ mirar televisión
ir de compras con mi mamá/ patinar
nadar/ dibujar/ patinar en el hielo
correr/ dormir/ esquiar/ pintar/ cantar

Lección 22: Los mandatos
(commands)

 CD 2, Track 14

Bobi, ven aquí.

¡Siéntate!

¡Dame la pata!

Muy bien.

¡Acuéstate!

Perfecto. Ahora, anda.
Tráeme el periódico.

¡Corre!

Muchas gracias,
Bobi. Dame el
periódico.

Ahora, dame un
beso.

---

* I love my dog very much (**quiero** *means both "I want" and "I love" depending on context*).

Más órdenes

<table>
<tr><td>Formas afirmativas</td><td>Formas negativas</td></tr>
<tr><td>Entra = come in</td><td>No entres = do not come in</td></tr>
<tr><td>Toma = take</td><td>No tomes = do not take</td></tr>
<tr><td>Deja = leave (something)</td><td>No dejes = do not leave (something)</td></tr>
<tr><td>Corre = run</td><td>No corras = do not run</td></tr>
<tr><td>Vuelve = come back</td><td>No vuelvas = do not come back</td></tr>
<tr><td>Ve = go</td><td>No vayas = do not go</td></tr>
<tr><td>Ven = come</td><td>No vengas = do not come</td></tr>
<tr><td>Oye = listen</td><td>No oigas = do not listen</td></tr>
<tr><td>Pon = put</td><td>No pongas = do not put</td></tr>
<tr><td>Trae = bring</td><td>No traigas = do not bring</td></tr>
<tr><td>Sal = get out</td><td>No salgas = do not go out</td></tr>
<tr><td>Tráeme = bring it to me</td><td>No me traigas = do not bring me</td></tr>
<tr><td>Tómalo = take it</td><td>No lo tomes = do not take it</td></tr>
<tr><td>Dale = give it to him/her</td><td>No le des = do not give it to him/her</td></tr>
</table>

For the negative: –ar verbs (such as **entrar, tomar, dejar**) change their endings to –ES; and –er, –ir verbs (such as **correr** and **volver**), change their endings to -AS. Irregular verbs have to be memorized!

Más palabras útiles

litro: *liter*	docena: *dozen*	nada: *nothing*	siempre: *always*
nunca: *never*	todo: *all*	algo: *something*	

Diálogo: PEPITA Y SU MAMÁ

- Pepita, ve a la tienda y compra un litro de leche.
- Bueno, mamá. Dame el dinero ($). 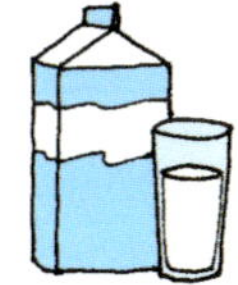
- Toma. Aquí tienes el dinero. ¡Y vuelve rápido!
  Trae también una docena de huevos.
- ¿Algo más?
- Sí. Un kilo de azúcar.
  Pepita, ¡no corras!
- Bueno mamá. No corro. ¿Está bien?
  (Más tarde, Pepita vuelve...)
- Pepita, deja el azúcar en la mesa. Dale un poco de leche
  al gatito. Después, pon la leche y los huevos en la heladera. 
- Bueno, mami. Siempre yo. ¿Y mi hermano? ¡No hace nada!
  Oye, Michi. Aquí está tu desayuno. ¡Ven! ¡Tómalo todo!

Ejercicios de comprensión:

1. ¿Adónde va Pepita?
2. ¿Qué necesita su mamá?
3. ¿Qué necesita Pepita (para pagar)?
4. ¿Dónde pone el azúcar?
5. ¿Para quién es la leche?
6. ¿Dónde pone los huevos?
7. ¿Por qué la mamá le dice a Pepita "¡no corras!"?
8. Según (*according to*) Pepita, ¿Quién trabaja más? ¿Ella o su hermano?

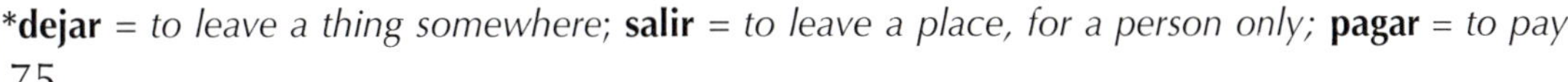

*__dejar__ = to leave a thing somewhere; __salir__ = to leave a place, for a person only; __pagar__ = to pay

Lección 23: ¿Qué tenemos que hacer?

(What do we have to do...?)

¿Cómo están ellos?
¿Qué tienen que hacer?

> Tener que...(To have to do... something): una obligación
> <u>Por ejemplo</u>: Julia está <u>aburrida</u> (bored). Tiene que ir a jugar

1) Pepita está cansada... *(tired)*
   Tiene que descansar *(to rest)*.

2) Raúl está muy flaco... *(slender)*
   Tiene que comer más.

3) Toto está un poco gordo... *(fat)*
   Tiene que hacer más ejercicios.

4) El papá está preocupado... *(worried)*
   Tiene que tomar unas vacaciones.

5) Arturo está enfermo... *(sick)*
   Tiene que ir al doctor para  examinar su garganta.

6) Bobi está enojado... *(mad)*
   Tiene que calmarse ...

7) Mateo está triste... *(sad)*
   Tiene que tener pensamientos positivos...
   (positive thoughts)

¿Y qué le decimos a cada uno *(to each of them)*?

Decir = *to say*

Yo digo	**Nosotros decimos**
Tú dices	**Ustedes dicen**
Usted dice	**Ellos / Ellas dicen**
Él / Ella dice	

Le decimos:

Raúl está muy flaco.	Raúl, ¡Come este chocolate!
Toto está un poco gordo.	Toto, ¡Practica ejercicios! ¡Corre!
El papá está preocupado.	Papá, ¡Vamos de vacaciones!
Arturo está enfermo.	Arturo, ¡No vayas *(don't go)* a trabajar!
Bobi está enojado.	Bobi, ¡Ven! Toma un bizcocho *(cookie)*.
Mateo está triste.	Mateo ¡Qué cara! *(What a face!)*
	¿Qué te pasa? *(What is happening to you?)*

Con un compañero

Imagine a solution to these situations.

Modelo:

Est. 1. Estoy cansado

Est. 2. ¡Acuéstate!

<u>Est. 1</u>: Situaciones	<u>Est. 2</u>: Posibles soluciones *(choose the best)*
1. Estoy flaco	- Ve al cine
2. Estoy gordo	- Ve al médico
3. Estoy preocupado	- Ven a mi casa para escuchar música
4. Estoy enfermo	- Toma un té
5. Estoy triste	- No vayas a la escuela
6. Estoy enojado.	- Bebe agua solamente
	- Come mucho helado
	- Cálmate
	- Ve a la escuela en bicicleta. No vayas en auto o en bus
	- Vuelve temprano a casa
	¿Otras soluciones?

Lección 24: ¿Qué está haciendo?
El presente progresivo   *(What is he/she doing?)*

CD 2, Track 16

¿Qué está haciendo el profesor?
What is the professor doing?
Está hablando.
He is speaking.

To indicate an activity that you or someone else is doing, use:

"estar" + the verb ending in "–ando" or "–iendo"

Yo estoy hablando	Nosotros estamos hablando
Tú estás hablando	Ustedes están hablando
Él / Ella está hablando	Ellos están hablando
Usted está hablando	

Aquí hay otras actividades:

Verbs ending in – ar	Verbs ending in – er	Verbs ending in – ir
jugar = jugando	comer = comiendo	pedir = pidiendo
cantar = cantando	leer = leyendo	vivir = viviendo
estudiar = estudiando	correr = corriendo	dormir = durmiendo

¿Puedes decir qué están haciendo estos animales o personas?

¡**Atención!** **Do not say "haciendo" in your answer. Choose the action.**

¿Que está
haciendo el gato?

¿Qué está
haciendo el pájaro?

¿Qué está
haciendo el chico?

¿Qué está
haciendo el gusano?

Check your answers with the CD

Con un compañero
One student acts out an action and asks:
- ¿Qué estoy haciendo?   The other student guesses:
- Estás (escribiendo, comiendo, dibujando, etc.).   Then change roles.

Canción

 CD 2, Track 21

La rana

Estaba la rana cantando debajo del agua. *(The frog was singing under the water)*
Cuando la rana se puso a cantar *(When the frog started to sing)*
vino el sapo y la hizo callar. *(the toad came and made her be quiet.)*

Estaba la rana, el sapo, cantando debajo del agua.
Cuando el sapo se puso a cantar,
vino el gato y lo hizo callar.

Estaba la rana, el sapo, el gato
cantando debajo del agua.
Cuando el gato se puso a cantar,
vino el perro y lo hizo callar.

Estaba la rana, el sapo, el gato, el perro
cantando debajo del agua.
Cuando el perro se puso a cantar,
vino el hombre y lo hizo callar.

.....
etc. Add: la vaca, el burro, el mono
y el hombre.

To finish:
Estaba el (name all the animals.) y el hombre cantando debajo del agua. Cuando el hombre se puso a cantar, vino ____________ y lo hizo callar. (children can add friends' names also)

Appendix 1

Dictionary of expressions Spanish-English

Adiós	*goodbye*
¡Ay!	*Ouch!*
Bien, gracias	*Fine, thank you*
Buen provecho	*Enjoy your meal*
Buenas noches	*Good evening, good night*
Buenas tardes	*Good afternoon*
Buenos días	*Good morning*
¿Cómo está?-¿Cómo estás?	*How are you?*
¿Cómo se dice...?	*How do you say...?*
¿Cómo te llamas?	*What is your name?*
Con permiso...	*Excuse me, may I...?*
¿Cuánto cuesta?	*How much is it?*
¿Cuántos años tienes?	*How old are you?*
¡Cuidado!	*Watch out! Be careful!*
De nada	*You are welcome*
¿Dónde está...?	*Where is ...?*
¿Dónde vives?	*Where do you live?*
Gracias	*Thank you*
Hola	*Hello, Hi!*
Muchas gracias	*Thank you very much*
No comprendo	*I don't understand*
Perdón	*I'm sorry*
Pobre-Pobrecito/a...	*Poor thing...*
Por favor	*Please*
Preguntas	*Questions*

¡Qué bonito!	*How pretty!*
¡Qué bueno!	*Cool!*
¿Qué es esto?	*What is this?*
¿Qué hora es?	*What time is it?*
¡Qué lástima!	*What a pity!*
¿Qué se dice...¿ Qué quiere decir...? Qué tal?¿	*What do you say...?* *What's up?What does ... mean?* *How are you?*
Repita, por favor Respuestas	*Repeat, please.* *Answers*
¡Socorro!	*Help!*
Tengo 10 años.	*I am 10 years old*

Appendix 2

A

abajo = under
abeja = bee
abrazar = to hug
abrigo = coat
abrir = to open
abuela = grandmother
abuelo = grandfather
aceituna = olive
acostarse = to go to bed
actividad = activity
además = besides
adentro = inside
adiós = good bye
adulto = adult
agua = water
aire = air
alfombra = carpet
algo = something
al lado de = beside / next to
almorzar = to have lunch
almuerzo = lunch
alto / a = tall
amarillo = yellow
amigo / a = friend
anaranjado / a = orange
anadar = to go, to walk
año = year
apellido = surname
aprender = to learn
aquí = here
árbol = tree
arriba = above
arroz = rice
asistir = attend
atún = tuna
auto = car
autobus = bus
azúcar = sugar
azul = blue

B

banco = bank / bench
bajo / a = short
bandera = flag
bañera = bathtub
baño = bathroom
barato = inexpensive / cheap

barrio = neighborhood
basura = trash
bebé = baby
beber = to drink
bebida = drink
besar = to kiss
beso = kiss
biblioteca = library
bicicleta = bike
bien = well
bizcocho = cookie
blanco / a = white
blusa = blouse
boca = mouth
bolígrafo = pen
bombero = fireman
bonito / a = pretty
borrador = eraser
brazo = arm
budín = pudding
bueno / a = good
buey = ox
bufanda = scarf
burro = donkey
buscar = to look for

C

caballo = horse
cabello = hair
cabeza = head
cada = each
café = coffee
calcetines = socks
calle = street
cama = bed
caminar = to walk
camino = road
camisa = shirt
camiseta = t-shirt
campo = countryside
cansado / a = tired
cantar = to sing
cara = face
carne = meat
carnicería = butcher shop
caro = expensive
casa = house
cebolla = onion
cena = dinner
cenar = to have dinner

cepillo = brush
cerca = near
cereal = cereal
cerezas = cherries
chica = girl
chico = boy
cine = movie theater
cinturón = belt
circo = circus
ciudad = city
clase = class
coche = car
cocina = kitchen
coco = coconut
cocodrilo = crocodile
color = color
colorido / a = colorful
comedor = dining room
comer = to eat
comida = meal / food
¿cómo...? = how...?
cómoda = chest of drawers
compañero = classmate
composición = composition
comprar = to buy
con = with
concierto = concert
conejo = rabbit
contento = happy
conversar = to talk
copa = glass
correos = post office
correr = to run
cortar = to cut
corto / a = short
cosa = thing
crema = cream
cuaderno = notebook
¿cuándo...? = when... ?
¿cuánto / a ...? = how much?
¿cuántos / as...? = how many ?
cubiertos = silverware
cuchara = spoon
cuello = neck
cuerpo = body
cumpleaños = birthday

D

dar = to give
debajo = under
decir = to say
dedo = finger or toe

dejar = to leave
delgado / a = thin
derecha = right
desayunar = to have breakfast
desayuno = breakfast
descansar = to rest
describir = describe
despacio = slowly
después = later / afterwards
detrás de = behind
día = day
dibujar = to draw
dientes = teeth
docena = dozen
doler = to hurt
domingo = Sunday
¿dónde...? = where?
dormir = to sleep
dormitorio = bedroom
durazno = peach

E

educación física = Physical Education
elefante = elephant
ejercicio = exercise
encima = on top of
enfermo / a = sick
en frente de = in front of
ensalada = salad
entrar = to enter
entre = between
escribir = to write
escritorio = desk
escuchar = to listen
escuela = school
español = Spanish
espejo = mirror
esquiar = to ski
estación = season / station
estar = to be
estómago = stomach
estudiante = student
estudiar = to study
estufa = stove or heater

F

falda = skirt
familia = family
farmacia = pharmacy
favorito / a = favorite
fecha = date
feliz = happy
feo / a = ugly
flaco / a = thin
flan = custard
flor = flower
florería = flower shop
foto = photo
frasco = glass
fresas = strawberries
frijoles = beans
frío = cold
fruta = fruit
fuego = fire
fútbol = soccer

G

galleta = cracker / cookie
gallina = hen
gallo = rooster
garage = garage
garganta = throat
gato = cat
generoso / a = generous
goma = eraser
gordo / a = fat
gracias = thanks
grande = big
gris = grey
gritar = to shout
guante = glove
guapo / a = handsome
guisantes = peas
gustar = to like

H

habitación / dormitorio = bedroom
hablar = to speak
hace calor = it is hot
hace frío = it is cold

hacer = to do / to make
hamburguesa = hamburger
hay = there is / there are
hasta luego = see you later
heladera = refrigerator
helado = ice cream
hermana = sister
hermano = brother
hija = daughter
hijo = son
hipopótamo = hippopotamus
hombre = man
hora = time / hour
hospital = hospital
hoy = today
huevos = eggs

I

iglesia = church
inteligente = intelligent
invierno = winter
ir = to go
izquierda = left

J

jabón = soap
jamón = ham
jardín = garden
jarra = jar
jirafa = giraffe
jueves = Thursday
jugar = to play
jugo = juice

L

lago = lake
lámpara = lamp
lápiz = pencil
largo / a = long
lavandería = laundry
lavar = to wash
leche = milk
lechuga = lettuce
leer = to read
legumbres = vegetables

lejos = far
león = lion
letra = letter
levantarse = to get up
librería = bookstore
libro = book
limón = lemon
limpiar = to clean
litro = liter
lobo = wolf
lunes = Monday
luz = light

LL

llama = lama
llamarse = to be called / named
llegar = to arrive
llevar = to take
llover = to rain

M

maestro / a = teacher
maíz = corn
mal = bad
mamá = mother
mandarina = tangerine
mango = mango
mano = hand
mantequilla = butter
manzana = apple
mañana = morning / tomorrow
mapa = map
marrón = brown
martes = Tuesday
medias = socks
medianoche = midnight
médico = physician
mediodía = midday
melón = canteloupe
mercado = market
mermelada = jam
mes = month
mesa = table
miércoles = Wednesday
mirar = to look / to watch
mochila = backpack
mono = monkey
montaña = mountain

moreno / a = brunette
mozo = waiter
mucho / a = a lot
muchos / as = many
mujer = woman
museo = museum
música = music
muy = very

N

nada = nothing
nadar = to swim
naranja = orange
naranjada = orange soft drink
nariz = nose
necesitar = to need
negro / a = black
nevar = to snow
niña = girl
niño = boy
nombre = name
noche = night
nuevo / a = new
número = number
nunca = never
nutria = otter

Ñ

ñandú = ostrich

O

ofrecer = offer
oir = to hear
ojos = eyes
oreja = ear
oso = bear
otoño = fall
oveja = sheep

P

pagar = to pay
país = country
paja = straw

pájaro = bird
pan = bread
panadería = bakery
panqueque = pancake
pantalones = pants
papá = father
papa = potato
papas fritas = french fries
papel = paper
¿para qué? = what for?
parar = to stop
pared = wall
parientes = relatives
parque = park
pasar = to happen / to pass
pastel = pie / cake
patinar = to skate
patio = patio
pato = duck
pavo = turkey
pedir = to ask for
película = movie
pelo = hair
pelota = ball
pequeño / a = small
pera = pear
perezoso = lazy
periódico = newspaper
perro = dog
persona = person
pescado = fish
pez = fish
pié = foot
pierna = leg
pileta = sink /pool
pimienta = pepper
pintar = paint
piña = pineapple
piscina = swimming pool
piso = floor
pizarra = blackboard
plato = plate
playa = beach
pobre = poor
poco = a little
poder = to be able to
policía = police
pollo = chicken
poner = to put
porque = because
¿por qué? = why?
por supuesto = of course
postre = dessert

practicar = to practice
preferir = to prefer
pregunta = question
preguntar = to ask
preocupado / a = worried
preparar = to prepare
primavera = spring
primo / a = cousin
problema = problem
pueblo = town
puerta = door
pupitre = student desk
puré de papas = mashed potatoes

Q

¿qué...? = what...?
queso = cheese
querer = to want / to love
quetzal = quetzal (bird)
¿quién...? = who...?

R

rápido = fast
rata = rat
rayas = stripes
refresco = pop
refrigerador = refrigerator
regular = so so, not very well
reloj = clock
responder = to answer
respuesta = answer
rodear = to surround
rojo / a = red
ropas = clothes
ropero = wardrobe
rosa = rose
rosado = pink
rubio / a = blond

S

sal = salt
sala = living room
saltar = to jump
saludar = to greet
saludos = greetings

sentarse = to sit down
señor = Mr.
señora = Mrs.
señorita = Miss
ser = to be
serpiente = snake
servilleta = napkin
servir = to serve
siempre = always
silla = chair
sillón = armchair
simpático = nice
sol = sun
solamente = only
sombrero = hat
sopa = soup
suéter = sweater

T

también = too
tarde = afternoon / late
taza = cup
té = tea
teatro = theater
techo = ceiling / roof
teléfono = telephone
televisor = t.v. set
temprano = early
tenedor = fork
tener = to have
tiempo = weather / time
tienda = store
tigre = tiger
tío / a = uncle / aunt
tocar = to play an instrument/ to touch
todo = all
toalla = towel
tomar = to take / to drink
tomate = tomato
torta = cake/sandwich (Mex.)
tortuga = turtle
trabajar = to work
triste = sad
tulipán= tulip

usar = to use / to wear
uvas = grapes

V

vaca = cow
vaso = glass / cup
venir = to come
ventana = window
ver = to see
verano = summer
viejo / a = old
viento = wind
viernes = Friday
vino = wine
viuda = widow
vivir = to live
volver = to come back

Y

yogur = yogurt

Z

zanahoria = carrot
zapatillas = tennis shoes
zapatos = shoes
zoológico = zoo
zorro = fox

Rita Wirkala was born and raised in Argentina, she lived in Brazil, and then moved to the United States, where she earned a Ph.D. in Spanish Literature from the University of Washington.

As a teacher of levels ranging from elementary to university (she currently teaches at the University of Washington), Rita appreciates the challenges of learning a foreign language. The mother of three trilingual daughters born in Brazil and who learned Spanish directly from her, she knows first hand that exposure to other languages early in life is the key to fluency.

Rita's determination to help other children acquire such abilities prompted her development of the present text.

With the goal of opening the doors of the Hispanic world to her students, Rita has organized and accompanied many student trips to Spanish-speaking countries. These trips combine the study of language, culture and community service, and her interest in cultural issues is reflected in the present text.

Rita's young adult novel, <u>El encuentro</u> (Pearson Educación, Madrid, 2011), a finalist in the Cervantes Institute/Scholastic-sponsored Young Adult Spanish Fiction awards, is about a teenage girl and boy whose respective northern and southern journeys in search of family lead them to each other. The story also describes the plight of rain forest populations victimized by Big Oil. It was characterized as "apasionante" in Madrid's leading literary journal and also presented as healthy young adult reading at a university seminar there.

Rita's poetry for children and adults can be read on her blog:

http://ritawirkalawriting.blogspot.com/

For further detail, see her website at:

<u>http://faculty.washington.edu/ritaw</u>